박물관에선
볼 수 없는 문화재

박물관에선

볼 수 없는 문화재

김 대 환

경인문화사

머리말

역사시대 이전부터 현재에 이르기까지 한민족의 문화유산은 끊임없이 만들어지고 일부는 퇴화되어 소멸되며 일부는 새로이 발전하여 민족고유의 문화를 창조하게 되었다. 문화재는 이러한 문화창조의 증거품으로 단절된 과거와 현재를 이어주는 무지개다리의 역할을 하여 과거의 선조들과 현재의 우리를 이어주고 민족의 정체성과 정통성을 부여해 주며 나아가 미래의 고유한 문화를 창조할 수 있게 해 준다. 모든 문화재는 그 가치의 중요도와 관계없이 사회적, 정치적, 문화적 특성을 지니고 있으며 그러한 시대적 배경을 찾아 내어 잊혀졌던 선현들과의 소통을 가능하게 해준다. 이렇게 민족의 문화유산은 지난날의 뿌리를 찾아 주고 현재의 우리를 일깨워주며 미래의 방향을 제시해 주는 중요한 우리 모두의 자산으로 끊임없는 연구와 보존이 필요하다. 수많은 사람들은 시간과 공간에 따라 오고 가지만 이 시간에 존재하는 우리들이 옳바르게 보존되고 평가된 문화재를 후손들에게 남겨준다면, 새로운 문화의 창조만큼 값진 일 일 것이다.

문화재는 한번 파손되면 영원히 돌이킬 수 없다. 안타깝게도 숭례문이 불에 소실되자 예전과 똑같은 공법으로 재건한다고 하였지만 시간과 공간, 건설의 주체가 다르기 때문에 아무리 똑같이 만들었다고 하여도 (똑같이 만들 수도 없지만) 그것은 이미 선조들이 물려준 문화유산이 아니기 때문에 문화재의 의미를 잃은 신축 건물일 뿐이다. 즉, 훼손된 문화재는 절대 되돌릴 수 없다. 그러기에 문화재의 보존과 연구는 후손들의 특권이자 무한책임과 의무인 것이다.

필자는 지난 35년 간 전국에 산재해 있는 고려청자 도요지, 조선백자 도요지, 조선분청사기 도요지를 비롯하여 무명의 절터, 국내외 문화재 발굴현장 등을 답사 연구하며 우리민족의 문화재에 대한 보존과 올바른 평가를 위하여 노력하였다. 문화재에 대한 올바른 평가란 문화재를 이해하고 감상하며 감정하는 것이다. 특히, 문화재 감정은 인생의 전부를 투자해도 항상 부족하다. 전공자라고 하더라도 문화재 감정을 못하는 것이 창피한 것은 아니다. 모르면서 아는 척하는 것이 더 창피한 것이며, 전부 알고 있다고 생각하는 것은 훨씬 더 창피한 것이다. 그리고 문화재를 실견하지도 않고 그 문화재의 감정을 논하는 자는 아예 그 자격조차 없는 자이다.

이 책에 실려 있는 유물들은 지난 35년간 각고의 노력으로 국내외 각계 각층의 자료를 직접 실견하고 실측 조사하여 선별 집성한 것으로, 박물관에서 누구나 쉽게 볼 수 있는 잘 알려진 문화재가 아니다. 우리 문화를 사랑하는 일반인은 물론이고 불교미술사, 도자사, 금속공예 전공자에게도 새로운 자료를 연구할 수 있는 계기로 활용되기를 바란다. 끝으로 이 책이 발간 되도록 도와주신 두양문화재단의 오정택 이사장님과 (주)화성보일러의 김영준 사장님을 비롯한 각 기관 및 유물 소장자들과 경인문화사의 한정희 사장님, 문영주 선생께 감사를 드린다.

단기 4347년 11월

김대환

차례

1
전 공민왕릉 출토 유물일괄(傳恭愍王陵出土 遺物一括)

외세(外勢)가 득세하던 대한제국 말 기에 쇠약해진 우리나라의 영토에서 강대국 간의 식민지전쟁이 벌어졌으 니, 바로 러시아와 일본제국주의의 러 일전쟁이었다. 이 전쟁으로 최대의 피 해를 입은 사람은 말할 것도 없이 우 리나라의 백성이었다. 당시 일본제국 주의자들은 러시아와의 전쟁뿐만 아 니라 진군경로에 산재해있던 우리 문

사진1 _ 구한말 혼란기에 방치된 공민왕릉

화재의 약탈을 서슴지 않았는데, 개성의 공민왕릉 역시 도굴의 대상으로 지목되었다. 일제는 여러 차례에 걸쳐 왕릉도굴을 시도 하였으나 지역주민 의 거센 반발로 뜻을 이루지 못하던 중, 1905년 비가 쏟아지는 야밤에 군대 를 동원하여 폭약으로 왕릉 뒤의 호석을 폭파하여 무덤의 현실(玄室)로 침입 하였다. 현실의 유물을 모두 강탈 하였는데 10여대의 수레에 가득 실어 약 탈하였다고 하니 그 유물의 양이 엄청 많았으리라 짐작할 수 있다.• 일제 강점기 이전에도 이미 일제에 의한 문화재 약탈행위가 성행하여 왕릉급 고 분들은 도굴의 대상 1순위로 지목받고 약탈되고 있었다.

공민왕은 고려 제31대왕으로 매우 총명하고 자주적이었던 왕으로 원나 라의 내정간섭기관인 쌍성총관부, 정동행성을 폐지하고 개혁에 의한 왕도 정치를 실현하려고 노력을 하였으나 왕비인 노국공주가 난산으로 죽자 실 의에 빠져 정치를 등한시 하다가 최만생 일파에게 살해당했다.

사진의 유물들은 모두 황금으로 제작되었으며 황금용두잔, 황금합, 황금 장신구4점으로 혼란기 일본제국주의자에 의하여 약탈된 공민왕릉(恭愍王陵)의 유물 중 일부로 전해지며 몇 해 전 공개되어 전 국민적인 조명을 받았었다〈사진5〉. 근대 혼란기에 강탈되었던 문화재가 해외로 유출되지 않고 국내에 잘 보존되어 있다는 사실만으로도 매우 다행스러운 일이다.

금제합 뚜껑의 물고기 파도 문양

1)

용머리 황금잔(金製龍頭花形杯)

고려(高麗) ǀ 길이 11.8cm ǀ 높이 3.8cm ǀ 무게 145g ǀ 용량 90ml

황금 잔이다.** 화려한 6옆의 보상화문 모양의 몸체에 손잡이를 용의 머
리로 만들어 붙였다. 이 황금잔의 몸통 제작기법은 주조틀에 부어 성형하
지 않고, 금판을 꽃잎의 전개도 형상으로 두껍게 만들어 위로 들어 올려 접
합제작한 것으로 매우 정교한 기술을 요하는 기법이며, 꽃잎의 골마다 그
접합한 흔적을 볼 수 있다. 용머리 모양의 손잡이는 별도로 밀랍주조(蜜蠟鑄
造)하여 몸통의 꽃잎 골 사이에 붙였다. 문양의 조각은 잔의 안바닥과 몸통
에 해당하는 6잎의 꽃잎과 손잡이인 용두부분으로 나누어지는데, 털끝처

사진2 _ 용머리, 잔 안바닥의 보상화문, 잔 외부의 꽃문양

럼 가늘고 섬세하게 조각 한다는 모조기법(毛彫技法)으로 조각되어있다. 안바닥의 문양은 불교에 등장하는 전설의 꽃인 보상화문(寶相華文)을 새겼고 몸통의 외부에는 피어오르는 세송이의 연꽃봉오리와 연화절지문(蓮花折枝文)과 상단부에는 연꽃넝쿨문양을 빼곡한 어자문(魚子文)의 바탕위에 정교하게 조각하였다. 손잡이의 용두는 용의 눈, 눈썹, 이빨, 비늘, 수염까지 빠짐없이 섬세하게 조각하였다. 평면조각인 잔의 안바닥을 제외하고 몸통과 손잡이의 조각은 바탕이 곡면이라 매우 능숙하고 정교한 기술을 갖지 않고는 도저히 할 수 없는 것으로 고려시대 금속공예 최고의 정수(精髓)를 확인할 수 있다. 고려시대 왕실의 금, 은기제작을 관장하던 관청으로 장야서(掌冶署)에서 특별히 제작된 것으로 보인다.

고려시대는 이러한 형태의 청자용두배(靑磁龍頭杯)도 만들어졌으며 국립중앙박물관에는 은제도금용두배(銀製鍍金龍頭杯)가 전시되고 있으나 유물의 재

사진3 _ 은제도금 용두잔

사진4 _ 은제 용두잔(중국 원)

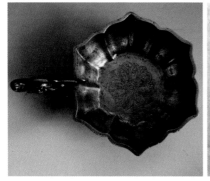

'국보급' 공민왕 금제술잔 첫 공개

일제강점기 때 황해도 개성군 중서면의 고려 공민왕 (1330~1374) 릉에서 출토됐다고 전하는 금제용두화형(金 製龍頭花形) 술잔(사진). 개인소장품인 이 유물은 높이 2.62㎝에 용머리와 꽃무늬가 새겨진 국내 유일의 금제 술잔으로 14일부터 10월29일까지 경기도 성남시 토지박물관에서 열리는 한국토지공사 창립 30주년 기념특별전을 통해 첫 공개된다.

심광주 토지박물관 학예실장은 "국립중앙박물관이 은제용두화형, 호암미술관이 청자용두화형을 각각 소장하고 있지만 금으로 만든 용머리 꽃무늬 술잔은 국내 유일한 유물로 국보급에 해당된다"고 설명했다. 이광형기자

사진5 _ 황금잔의 안쪽면과 신문기사

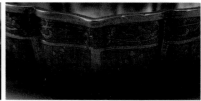

사진6 _ 황금잔의 용머리부분과 술잔의 이빨자국

료와 문양의 조각술이 몇 단계 아래이다〈사진3〉. 같은 시기의 중국에서도 비슷한 용두잔이 제작되어 전해오지만 제작기법과 조각기법에서 이 유물을 따라 올 수가 없다〈사진4〉. 용두 손잡이의 좌측면 몸통 위 입술부분에는 사랑하는 노국공주를 잃고 살짝 취한 공민왕의 이빨자국이 아직도 선명하다. 이 유물의 중요성을 고려하여 한국조폐공사에서 2006년도에 신공법으로 한 점을 재현하였으나 800여 년 전 고려 장인의 모조기법(毛彫技法) 조각술은 이미 단절되어 완벽하게 재현하지는 못하였다.

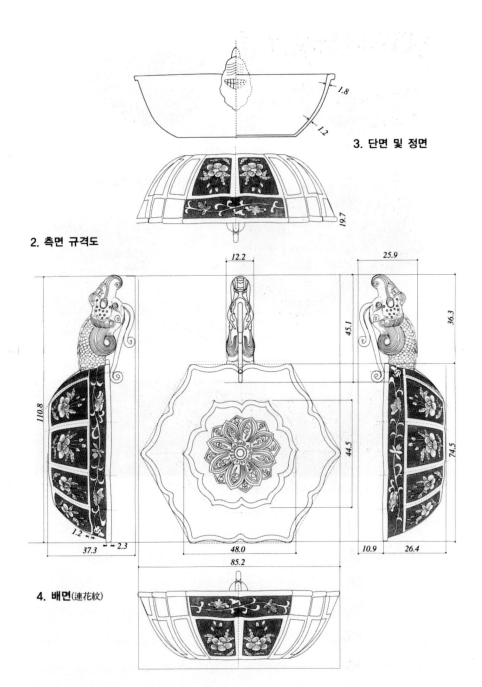

3. 단면 및 정면

2. 측면 규격도

4. 배면(蓮花紋)

그림1 _ 황금용두잔의 도면(한국조폐공사 제공)

연꽃 물고기 파도무늬 황금합(金製蓮花波魚文盒)

고려(高麗) | 높이 7cm | 지름 5.5cm | 무게 287g

　　황금 합이다. 뚜껑과 몸통이 각기 반반으로 되어있다. 뚜껑과 몸통은 대
칭이 되도록 제작하였고 몸통의 바닥면에 넓고 안정된 굽을 붙였다. 측면
의 중앙부분에는 한 줄씩 넓은 금판을 별도 제작하여 붙여 장식적인 효과
를 극대화시켰고 기형의 안정감을 잡아 주었다. 측면 문양은 연꽃, 연잎, 연
자 등을 넝쿨과 함께 화려하게 모조기법(毛彫技法)으로 조각하였으며 바탕
은 어자문(魚子文)으로 빈틈없이 정연하게 꽉 채웠다. 바닥면에는 용머리 황
금잔의 안 바닥과 거의 유사한 보상화문을 정교하게 조각하여 같은 시기에

사진7 _ 뚜껑의 물고기 파도 문양

사진8 _ 옆면의 연꽃문양

사진9 _ 황금합과 은제합(국립중앙박물관 소장, 오른쪽)의 비교

사진10 _ 황금합의 내부

사진11 _ 바닥의 꽃문양

같은 곳에서 제작한 것으로 추정할 수 있다〈사진 11〉.

측면의 연꽃넝쿨문양도 용머리황금잔의 몸통 상부에 조각된 문양과 거의 일치한다. 뚜껑 윗면은 중앙의 작은 원 안에 연꽃 한 송이를 중심으로 파도속에 헤엄치는 4마리의 물고기를 너무도 정교하게 조각하였고 그 뒤로 둥그런 원형의 파도문양을 묘사하였다. 작은 물고기의 비늘, 지느러미, 아가미, 눈알까지도 섬세함의 미를 찾아 낼 수 있게 하고 있다〈사진7〉. 국립중앙박물관에 파손되어 복원한 얇은 은에 도금을 한 은제도금합(銀製鍍金盒)이 비슷한 유형으로 전시되고 있지만 유물의 재료나 조각기법에서는 이 유물만큼 섬세하지는 못하다〈사진9〉.

이 황금합의 용도는 알려지지 않았으나 왕의 약합이나 말차합, 향합으로 추정되며 단 한 점밖에 남아있지 않다.

고려청자의 물고기 파도 문양

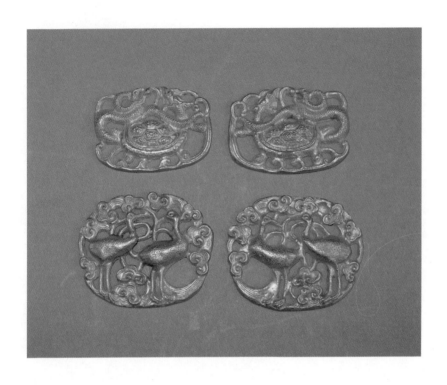

3)

운학문 금장식(金製雲鶴文裝飾), 현무문 금장식(金製玄武文裝飾)

고려(高麗) | 가로폭 각 3.5cm 내외

　고려시대 고분에서 출토되는 장식품으로 옷이나 관모에 달았던 것으로
추정된다. 이러한 장식품은 옥, 뼈, 금동, 은제도금, 은 등으로도 다양하게
제작하였으며 모양과 크기도 매우 다양하다〈사진13〉. 이 유물은 얇은 금판
을 제작하여 앞면과 뒷면을 이어서 붙였으며 속은 비어있다. 즉 일정한 틀
에 부어 대량으로 만든 주조품이 아니라 일일이 오려 조각한 장신구로 역
시 모조기법의 섬세함이 살아있다. 삼국시대 고구려벽화고분에서도 볼 수
있는 사신도 중의 현무문은 도교적인 색체가 강하고 당시 불교에 융합된

사진12 _ 금장신구의 뒷면

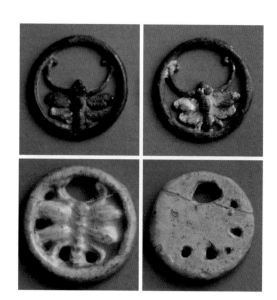

사진13 _ 금동 장신구와
         도자기 장신구(앞, 뒷면)

도교의 실체를 파악할 수 있는 좋은 자료가 된다. 구름위에서 서로 마주 보
고 있는 한 쌍의 학은 섬세한 깃털까지도 잘 조각하였고, 사신도 중에 북쪽
의 현무는 서로 뒤엉켜 포효하고 있다.

---

* 전룡철, 김진석, 2002년, 247쪽, 『개성의 옛 자취를 더듬어』 문학예술출판사.
** 한국토지공사 토지박물관, 2005년, 154쪽, 「생명의 땅, 역사의 땅」 『토지박물관 연구총서 13』

용머리 황금잔의 성분 분석

- 측정 조건

측정장치	SEA2220A
측정시간 (초)	100
유효시간 (초)	67
시료실분위기	대기
조사경	원 10.0mm
여기전압 (kV)	50
관전류 (uA)	3
필터	OFF
마이러	OFF
설명	

- 사료 이미지

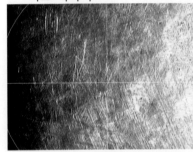

- 스펙트럼

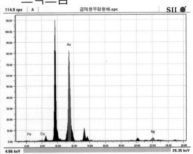

- 결과

Fe	0.56(+- 0.06)(wt%)	7.383(cps)
Cu	0.24(+- 0.04)(wt%)	7.125(cps)
Ag	4.02(+- 0.17)(wt%)	38.796(cps)
Au	95.17(+- 0.70)(wt%)	1057.014(cps)

황금합의 성분 분석

- 측정 조건

측정장치	SEA2220A
측정시간 (초)	100
유효시간 (초)	68
시료실분위기	대기
조사경	원 10.0mm
여기전압 (kV)	50
관전류 (uA)	3
필터	OFF
마이러	OFF
설명	

- 사료 이미지

- 스펙트럼

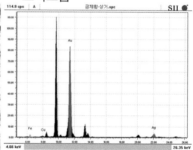

- 결과

Fe	1.49(+- 0.08)(wt%)	20.163(cps)
Cu	0.31(+- 0.04)(wt%)	8.987(cps)
Ag	5.49(+- 0.18)(wt%)	55.482(cps)
Au	92.72(+- 0.68)(wt%)	1070.793(cps)

은도금 꽃새무늬 작은항아리(銀製鍍金鳥花文小壺)

남북국시대 신라(南北國時代 新羅) | 높이 5cm

　　은으로 만든 뚜껑이 있는 작고 귀한 항아리로 신라의 귀부인이 사용했던 화장용기(化粧容器)로 보인다. 항아리 속에 마노옥, 수정구슬, 유리구슬이 함께 들어 있었다고 한다. 작은 기물임에도 불구하고 조형성이 매우 뛰어나며 모조기법(毛彫技法)으로 조각된 문양 또한 섬세하다. 입호(立壺)의 형태로 몸체의 벌어진 입부분에 알맞게 뚜껑은 끝부분이 오므라져서 서로 맞물리게 되어있다. 보주(寶珠)형의 뚜껑꼭지는 별도로 만들어서 도금한 후에 끼웠으며, 몸체와 뚜껑의 문양에는 부분 도금을 하여 제작 당시 문양의 금색과

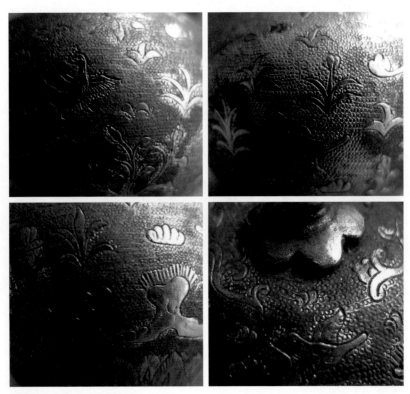

사진14 _ 새, 풀, 꽃, 벌, 구름 문양

사진15 _ 경주 남산출토
은제소호와 구슬
(일본 동경국립박물관)

바탕의 은색이 조화롭게 어울려 화려함을 배가시킬 수 있었을 것이다. 몸체와 뚜껑의 바탕은 어자문(魚子文)을 빼곡이 찍었는데, 바탕의 어자문을 찍을 때는 내리치는 망치의 힘이 고르고 일정해야만 아름답게 문양이 찍힌다. 바탕에 일정한 문양을 배경으로 깔아주어 작은 기물임에도 불구하고 몸체에 새긴 여러 문양들이 더욱 돋보이게 된다.

사진16 _ 불국사 석가탑출토 은사리호(위),
동대사 은제소호(일본국보, 아래)

문양은 몸통의 접지면에 연판문을 둘러 새겼고 그 위로 평화로움이 존재하는 자연의 풍광을 그려 넣었다. 산(山)은 고구려 고분벽화에 등장하는 것처럼 작게 표현하였고 들에 노니는 벌, 꽃, 풀, 구름, 원앙과 날아가는 새 등 식물의 줄기, 새의 깃털까지 정교하게 조각 묘사하였다〈사진14〉. 일본 동경국립박물관에 소장된 경주 남산출토 은제소호와 8세기 일본의 동대사(東大寺) 금당진단구인 은제도금수렵문소호(銀製鍍金狩獵文小壺), 석가탑출토 은사리호와 유사하다〈사진15, 16〉. 이 작은 항아리를 천천히 돌려보다 보면, 자연과 하나 되어 마치 신라시대의 어느 나지막한 들과 숲에 와 쉬고 있는 듯 한 평화로움에 사로잡히게 된다.

3
동제은입사 범자무늬 대발(銅製銀入絲梵字文大鉢)
고려(高麗) | 입지름 37cm | 높이 20cm

　　다용도로 쓰였던 그릇으로 남북국시대 신라의 유물이 선행하며 고려시
대를 거쳐서 특히 조선시대에는 사찰이나 향교, 궁궐의 제례 등에 널리 사
용 되었다. 직지사에도 같은 형식의 유물이 있는데 순수한 우리말로 더도
리그릇이라고 하며, 발우공양을 할 때 공양물을 가감한다는 말에서 유래하
였다고 한다. 이 유물은 고려시대에 제작된 것으로 높은 굽과 양쪽의 손잡
이는 별도로 주조하여 붙였으며 커다란 몸체와 약간 벌어져 안정감 있는
굽이 이 기물의 조형성을 완성해 주고 있다.• 아울러 표면에 꽉 들어찬 은

사진17 _ 손잡이 이음새, 연판문, 범자문, 연화문 은상감

사진18 _ 그릇의 안쪽면과 바닥 부분

입사기법은 상감청자보다 선행하는 것으로 금속공예의 아름다움을 배가시켜준다. 고려시대 후기에는 은입사기법(銀入絲技法)의 황금기로 주로 불교용품인 향완, 정병, 대반, 합, 향로 등 최상품의 용품에는 꼭 은입사를 하였다. 공양기물에는 그만큼 정성을 들인다는 의미가 포함되어 있는 것이다.

사진19 _ 시대별 형태변화(조선초기, 조선후기)

이 유물은 실용기물일 가능성도 매우 크다. 그럼에도 불구하고 대형 기물(器物)에 화려한 입사기법을 동원하여 몸 전체에 은상감을 한 것은 매우 이례적이다. 문양은 몸체의 최상단에는 뇌문(雷文)을 둘렀으며 중간에는 연꽃넝쿨문양을 화려하게 입사하였고 중앙에 범자(梵字)를 넓게 입사하였으며 하단은 유려하게 핀 연꽃잎 사이사이에 간엽을 배치하며 정교하게 꽃잎 줄기까지 입사하였다. 고려시대 최고의 입사공예를 볼 수 있는 화려하고 수준 높은 작품으로 은사(銀絲)의 종류도 문양에 따라서 두꺼운 문양과 가는 문양에 맞게 사용하였다. 새겨진 범자와 연꽃넝쿨 문양의 형태로 보아 제작 시기는 고려 후기인 14세기로 추정된다.

• 하남역사박물관, 2011년, 53쪽, 『금속공예와 빛』

4

고구려 '동천왕11년'명 벽비(高句麗'東川王十一年'銘 壁碑)

고구려(高句麗) ┃ 가로 30cm ┃ 세로 30cm ┃ 쇠못 길이 11cm

　　고운 점토로 한단의 턱이진 네모난 판을 만들고, 완전히 건조되기 전에
표면에 일정한 간격으로 수직선을 그은 후 끝이 뾰족한 도구로 글씨와 문
양을 새긴 다음 문자와 문양의 파인 홈에 청동(靑銅)을 채워 넣고 불에 소성
(燒成)한 특별한 제작기법의 벽비(壁碑)이다.● 일종의 상감기법(象嵌技法)으로
금속의 표면에 상감을 한 사례와 도자기에 상감기법을 한 사례는 모두 같
은 종류의 재질위에 사용한 기법이었다. 그러나 이 유물의 상감은 흙위에
금속을 상감한 것으로 현재까지 우리나라뿐만 아니라 중국이나 일본은 물

사진20 _ 벽비의 X선사진   사진21 _ 문자 속의 금속물질

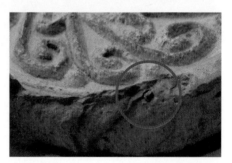

사진22 _ 벽비 뒷면의 Shard와 고구려 와당의 Shard(오른쪽)

론 전세계에 전례가 없는 기법으로 제작하였다. 〈사진20〉은 이 벽비를 X선
촬영한 것으로 점토판 속에 세로줄과 아직 산화되지 않은 금속의 문자가
보인다〈사진 21〉. 뒷면에는 기와를 제작할 때 남게 되는 마포흔적이 남아
있고 몸체에는 고구려의 전형적인 기와제작 소성기법의 산물인 Shard가 확
인된다〈사진22, 왼쪽〉. 이것은 이 벽비의 제작기법이 기본적으로 고구려 기
와의 제작기법과 동일하다는 것을 의미한다〈사진 22, 오른쪽〉. 벽비의 양쪽
윗부분과 중간에 구멍이 있고 못이 박혀있는 것으로 보아 벽에 부착되어
있었던 것으로 보인다. 고정 쇠못이 두 개가 남아있는데 못머리는 넓게 펴

사진23 _ 중국 북위의 묘지석

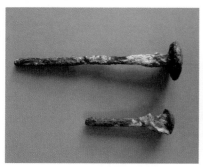

사진24 _ 벽비에 박힌 쇠못, 못머리 부분

사진25 _ 벽비의 뒷면과 못이 박힌 상태

사진26 _ 2005년 4월 12일
고구려벽비의 신문기사

져있고 몸체는 사각으로 전형적인 고구려 형식이다. 홍익대학교의 박장식 교수가 이 쇠못의 시편을 채취하여 분석한 결과 고대(古代)의 주조방식에 의해 제작된 고대의 쇠못으로 판명되었다〈사진 24〉.

벽비에는 모두 290여자의 글자가 새겨져 있는데 글씨체는 광개토왕비의 서체보다 고졸(古拙)하고 중국의 한대(漢代) 금석문 필법과 유사하지만 중국에서는 사용하지 않은 고구려 특유의 이체자, 합자를 사용하였다. '벽비(壁碑)'라는 명칭의 사용은 명문 내용중에 벽비라는 용어가 등장하기 때문이며, 벽비의 서두에 보면 '魏明帝青龍癸丑二年 高麗東川王十一年…'의 내용이 있다. 동천왕 11년은 237년이지만 동천왕이라는 시호는 왕의 사후에 붙여지므로 동천왕의 사후 가까운 시기에 제작된 것으로 생각된다. 오스트렐리아 Wollongong대학에 TL 연대측정을 의뢰한 결과 780년~790년으로 밝혀져 최소한 11세기에서 12세기 이전에 제작된 것으로 확인되었으나 이 유물이 대략 80여 년 전 일제강점기에 출토되었으므로 열에 의한 방사가 계속이루어져 실제 제작 시기는 이보다 훨씬 빠른 시기였을 것으로 추정되고 있다. 명문의 내용은 아직 완전히 판독되지 않아 정확한 것은 알 수 없지만 동천왕대 관구검의 침입과 관련한 역사적인 내용을 기술하고 있는 것으로 우리나라 고대사의 공백을 메워줄 획기적인 유물로 추정되고 있다. 비슷한 시기 중국 북위의 묘지석이 고구려 벽비처럼 턱이 지고 정방형으로 형태가 유사하다〈사진23〉.

* 한국토지공사박물관, 2005년, 122쪽, 「생명의 땅, 역사의 땅」『토지박물관 연구총서 13』

5

청자동화 오리연적(靑磁銅畵鴨形硯滴)

고려(高麗) | 높이 9cm | 길이 13cm

　고려시대 청자로 만든 연적은 원숭이, 복숭아, 동자(童子), 동녀(童女), 거북이, 죽순 등 종류는 다양하고 현존하는 수량은 많지 않으나 특히 간송미술관의 원숭이모자연적과 오리연적, 오사까 동양도자 미술관의 동자, 동녀연적은 세계적인 수준이다〈사진27〉.

　이 오리연적은 간송미술관에 소장된 국보 제74호 오리연적보다 약간 크며 제작기법과 형태는 거의 동일하다. 온 몸에는 비색의 청자유약을 두껍게 시유하였으며 고개를 약간 쳐들고 물 위에 떠 헤엄치는 모습을 표현한

사진27 _ 원숭이모자 연적, 동녀연적, 동자연적

사진28 _ 청자 오리연적의 좌, 우측면

작품으로, 꼬인 연줄기의 연봉오리를 입에 물고 등에도 자연스럽게 작은 연봉오리와 연줄기, 연잎이 얹혀있다. 날개와 꼬리깃털의 표현도 음각으로 섬세하고 정연하게 하였으며 눈매와 부리의 표현까지도 세밀화를 그리듯 빈틈이 없다. 눈은 철화안료로 찍어 눈동자를 표현하였고 입에 꽉 물은 연봉오리로 물이 나오게 만들었다. 등에는 커다란 연꽃봉우리 뚜껑으로 끼웠으며, 뚜껑인 연꽃봉우리 중앙에 구멍이 길게 나있어 뚜껑을 닫았을 때 그 속에 물이차서 뚜껑이 흔들리지 않게 하였다. 이 오리연적으로 미루어 생각해보면, 간송미술관의 오리연적도 파손되기 전에는 이 오리연적처럼 작은 연봉오리를 물고 있었을 것이다〈사진29〉.

입에 문 연봉오리의 끝부분과 등에 얹혀 진 작은 연봉오리의 속에는 절

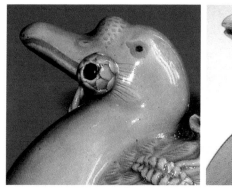

사진29 _ 파손된 연꽃봉오리의 비교(오른쪽, 간송미술관)

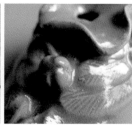

사진30 _ 동화안료가 사용된 연꽃봉오리

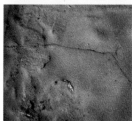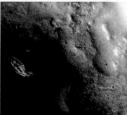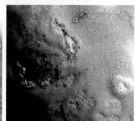

사진31 _ 청자 오리연적의 바닥, 확대부분.

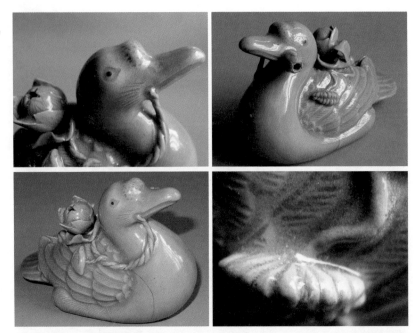

사진32 _ 청자 오리연적의 여러 부분

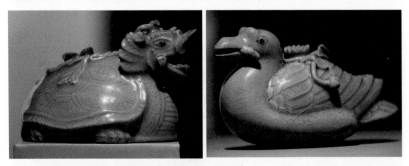

사진33 _ 청자 거북이연적과 오리연적(국립중앙박물관 소장)

제된 동화안료(銅畵顔料)를 사용하여 이 오리연적의 아름다움에 정점을 찍었
다〈사진 30〉. 고려청자에 동화안료를 사용한 사례는 드물고 이 연적이 제
작되는 12세기 연적에 동화안료를 사용한 사례를 찾기는 더 어렵다. 이 연
적의 제작방법은 먼저 점토로 오리를 성형한 후에 어느 정도 건조를 시키
고 세로로 반을 잘라 속을 파낸 후 다시 접합하고 세부문양을 조각하고 손

질하여 제작한 것으로 보인다. 유약을 바른 후, 바닥을 일부 닦아내고 작은 돌받침을 하여 번조하였다〈사진31〉.

　현재까지 전해지는 고려시대 청자 오리연적 중에 가장 세련되고 보존상태도 좋으며 예술성이 높은 유물이다. 이 작은 연적하나로 고려인의 격조 높은 예술성과 세계최고의 청자 수준을 짐작할 수 있게 해 준다.

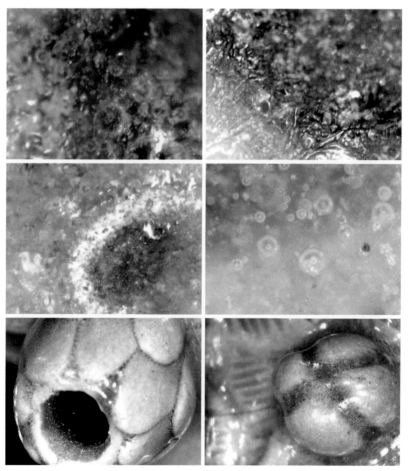

청자 오리연적의 현미경 사진, 동화·철화 안료의 확대사진

6

청동 주악비천무늬 범종(靑銅製奏樂飛天文梵鐘)

고려(高麗) | 높이 47cm | 직경 26.8cm

청동으로 주조한 주악비천문 범종이다. 한국에서 제작된 종은 일본이나 중국의 종에서는 볼 수 없는 독특한 양식을 갖추고 있어 한국종이라는 고유학명이 따로 붙어 있다. 종 상단부의 음통(音筒)은 복엽의 연판을 위아래로 장식하였으며, 종신(鐘身)의 내부로 관통되어있다. 용뉴(龍鈕)는 4조의 발가락을 힘차게 뻗고 머리를 숙여 천판(天板)을 향해 입을 벌리고 마치 종을 물어서 들어 올리려고 하는 모습을 하고 있다. 천판의 외주(外周)에 돌려진 견대는 복판(伏板)의 연화장식으로 되어 있고, 상대(上帶)는 연속된 당초문과

사진34 _ 비천문양과 유곽

꽃문양이 있으며 하단에 연주문이 배열되어 있다. 중대(中帶), 하대(下帶)는 연속된 당초문과 상하(上下)에 연주문이 배열되어 있고, 네곳의 유곽 안에는 9개의 유두가 정연하게 나열되어 있다. 종복(鍾腹)에는 생황(笙篁)을 불고 있는 주악비천상(奏樂飛天像)과 당좌(撞座)가 대칭을 이루도록 조각되었다. 주악비천상은 천의(天衣)를 걸치고 하늘을 비상(飛上)하는 모습으로 불(佛)을 예찬하며 장엄한 분위기를 자아내는데, 신라종의 비천상과 매우 흡사하다. 이 유물은 섬세한 문양과 정교함에 우아한 형태와 비례가 조화를 이룬 아름다운 걸작으로, 신라종의 제작기법을 충실히 따른 고려시대 후기의 종으로 보존상태도 매우 양호하다. 이러한 종은 불전의 내부에 걸어서 공양과 예불시간을 알렸던 기능을 하였으며, 종소리는 세상에 퍼져 세속의 번뇌를 씻어주고 마음을 안정시켜주고 지옥에 떨어진 중생을 구제해 준다고도 한다.

함박눈이 가득한 겨울밤, 인적이 끊긴 겨울 산사(山寺)의 멀리서 뜨문뜨문

48

사진35 _ 종뉴부분과 하대부분의 꽃무늬

들려오는 종소리는 사람마다 뛰는 심장의 두근거림마저 평온하게 고루어
준다.

7

청동 의례기(靑銅製儀禮器)

고조선(古朝鮮) ｜ 가로폭 19.5cm

　우리민족의 역사에서 가장 긴 세월동안 존속하고 가장 넓은 영토를 차지
했던 왕국이 바로 고조선이다. 5,000년 역사에 3,000여 년을 차지한다. 광복
후 한때는 단기(檀紀)를 사용하기도 했었다. 일본이 그들의 연호를 서기(西紀)
와 병행하여 사용하듯이 우리도 예전에 했던 것처럼 단기와 서기를 병행하
여 사용하면 자연스럽게 국민 모두의 마음속에 뿌리 깊은 역사 인식이 들
어앉게 되지 않을까 아쉬움이 남는다.
　국립중앙박물관에 같은 종류의 파손된 유물이 두 점 전시되어 있다. 한

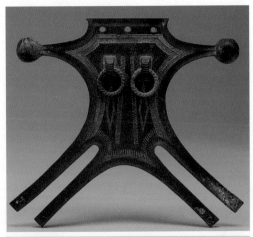

사진36 _ 국립중앙박물관 소장품(아래)과 비교

점은 너무도 유명한 유물로 농경문양이 새겨져 당시의 농경생활을 추측 할
수 있게 한 것이고〈사진37, 위쪽〉, 다른 하나는 충남 아산에서 출토되어 파
손 복원한 유물이다〈사진36, 아래쪽〉. 정확히 이 유물의 용도는 알 수 없지
만 옆으로 벌어진 끝에 달린 방울과 앞뒤 판에 고리가 달려서 소리가 나게
끔 한 것으로 보아 가슴부위에 걸고 종교의식에 사용한 제례기로 보인다.
몸체의 앞면과 뒷면에는 기하학적인 태양의 빗살무늬가 새겨져 있고 양 옆
에 달린 방울과 세련된 고리장식과 우아한 조형성이 고도로 발달한 고조선

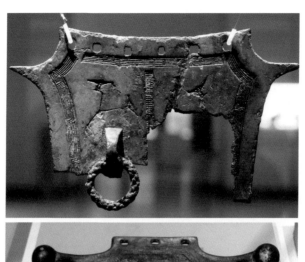

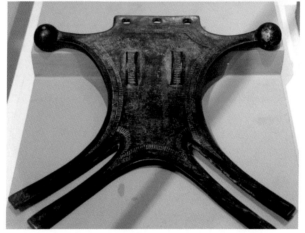

사진37 _ 전 대전출토 농경문 의례기(위)와 기능장의 재현품(아래)

의 청동 주조기술을 말해 주고 있다. 한국식 동검이나 간두령, 다뉴세문경, 팔주령 등의 청동제품과 함께 한 쌍씩 출토된다.

8

청동은입사 보상화무늬 향완(靑銅製銀入絲寶相花文香垸)

고려(高麗) | 입지름 44cm | 바닥지름 39cm | 높이 45cm

현존하는 고려시대 은입사향완 중 가장 큰 향완 중에 하나이다. 절구처
럼 생긴 모양으로 당시 향완의 형태로 가장 많이 사용 되었다. 몸체의 윗부
분과 받침부분으로 되어있으며 몸체의 전은 별도로 주조하여 붙였다. 이
향완의 입사문양은 통도사소장 향완(보물 제334호)과 거의 유사하고 다만 받
침부분에 봉황문대신 구름문이 시문된 차이만 있다. 몸체의 전부분에는 연
속된 당초문이 입사되어 있고 몸통에는 여의두문 속에 범자가 넓은 은판으
로 상감되어 있다. 그 사이에 두 송이의 보상화문이 자리 잡고 있고 아래로

사진38 _ 은상감향완의 세부

연판문이 받쳐주고 있으며 그 연판문 아래로 4단의 받침부분에는 길게 내
려온 연판문 아래 커다란 구름문과 석류문을 입사(入絲)하였고 접지면에는
당초문양과 뇌문대를 입사하였다. 입사의 문양이나 배치장소에 따라 굵은
입사, 가는 입사를 적절히 조절하여 강조하는 부분과 보조하는 부분의 조
화가 잘 어우러진 고려시대 입사공예(入絲工藝)의 대표적인 유물이다. 은입사

사진39 _ 은상감의 확대 부분

가 시문된 향완은 대체로 고려후기의 작품이 다수이며 금이나 주석을 입사한 경우도 있다.

   조용한 법당에서 향완에 향을 피워 향의 연기가 부처님의 사자(使者)로 인식되어 부처님께 설법을 청원할 때 사용하였다.

9

청자철화 박지 보상화무늬 대반(靑磁鐵畵剝地寶相花文大盤)•

고려(高麗) | 지름 28cm | 굽지름 15.3cm | 높이 5cm

　고려시대 생산된 도자기의 종류는 매우 다양하여 생활용기, 관상용기, 건축부재 등 여러 방면으로 활용되었다. 그 중에서도 음식기로서는 대접이나 잔, 완, 병, 접시 등이 많이 제작되었다. 특히 접시종류는 지금도 많은 량의 유물이 전해지고 있다. 그러나 대부분이 지름 14cm 내외의 크기로 지름 20cm 이상의 접시는 드물다. 이 유물에서 주목할 점은 크기도 대형이지만 철화안료를 사용한 문양의 기법이다. 접시의 내면과 외면에 보상화문과 넝쿨문양을 채웠는데 철화안료를 붓으로 찍어서 그리는 일반적인 기법이 아

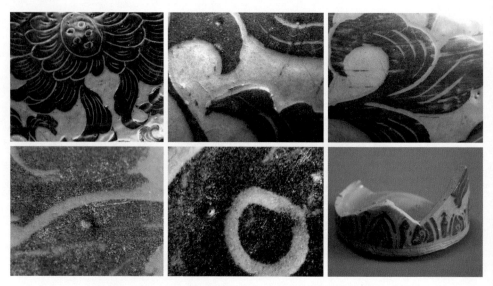

사진40 _ 박지기법의 확대 부분과 박지매병편(아래 오른쪽, 김대환 기증, 부안청자박물관 소장)

니고 접시의 내 외면에 물레를 사용하여 철화안료를 모두 바른 후, 문양의
바탕만 철화안료를 긁어내어 문양을 완성하였다. 이것은 일명 박지기법(剝
地技法)으로 조선 초기 분청사기의 제작기법 중에 백토분장을 바른 후 문양
의 바탕만을 긁어내어 문양을 완성하는 것으로, 이 유물과의 차이점은 철
화안료와 백토분장의 차이이며 조선 초에 분청사기제작에 성행했던 박지
기법도 이미 고려시대 도자기술의 일부였던 것을 증명해 주는 중요한 유물
이다. 고려시대 철화박지의 기법은 전라북도 부안 유천리 청자요지에서 출
토된 매병 파편으로도 확인된다〈사진40〉. 이 대반의 내면 문양은 상상의
꽃인 보상화 한 송이가 크게 자리 잡았고 주위로 연결된 넝쿨문양이 생동
감 있게 둘러져 있다. 외면에도 넝쿨문양이 활달하게 둘러져있으며 고려시
대의 대표적인 문양으로 동제은입사향완에서 특히 많이 사용되었다. 철화
문양은 물레로 돌려가며 칠한 붓 자국을 찾아 볼 수 있으며 문양의 바탕은
파내려간 흔적이 아직도 선명하다. 유약은 기포가 많은 불투명유약의 비취

사진41 _ 보상화 문양과 굽바닥 확대 부분

색으로 두껍게 골고루 퍼져 있으며 굽바닥의 유약은 일부 닦아 내었으며
여덟 군데에 내화토를 받쳐서 번조한 흔적이 남아있다.

• 부안청자박물관, 2013년, 25쪽, 「김대환 선생 기증유물전」『꿈꾸는 사금파리』

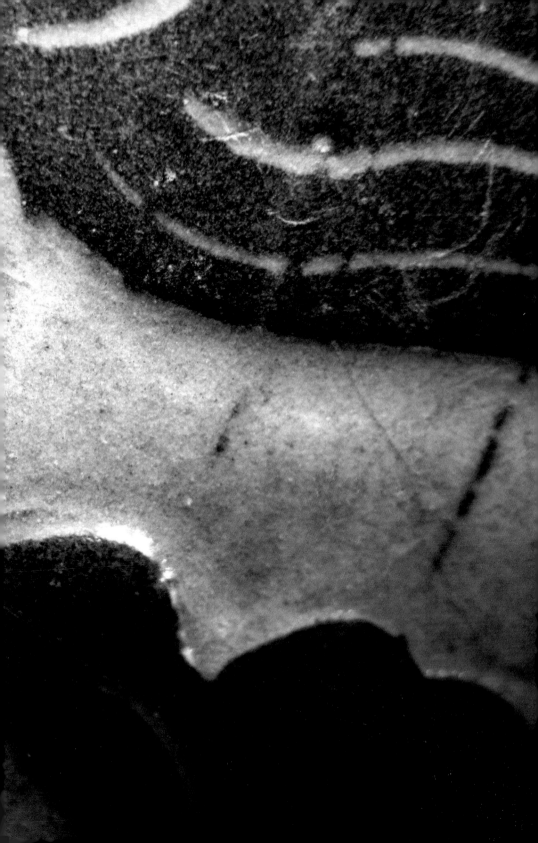

10

백자금채 매죽무늬 작은병(白磁金彩梅竹文小甁)

조선 초기(朝鮮初期) ‖ 입지름 4cm ‖ 굽지름 5.5cm ‖ 높이 14cm

　이 유물을 실견(實見)하기까지는 약 10여 년의 기간이 필요하였다. 일본에 방문할 때마다 유물의 소장자와 인간 관계를 쌓아온 결과, 유물을 조사할 기회와 발표의 기회를 얻고는 한없이 두근거리는 마음을 진정시키기 어려 웠다. 세상에 처음으로, 숨겨진 우리 문화재를 알릴 수 있다는 기쁨에….

　조선 초 15세기에 경기도 광주 일대의 왕실관요에서 제작된 상품의 갑번 자기(甲燔磁器)로 초벌과 재벌을 마친 백자에 금채를 하여 삼벌까지 한 백자 이다. 금채를 한 도자기는 고려시대 청자위에 금채를 한 화금청자(畫金靑磁)

사진42 _ 백자금채 이화문합(근대)

사진43 _ 중국 북송 백자금채 접시

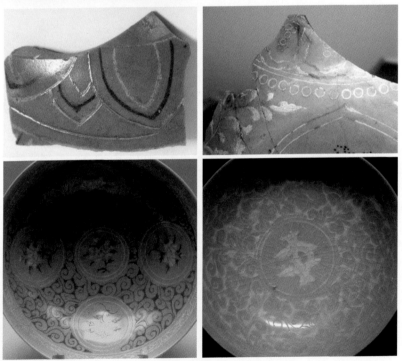

사진44 _ 고려시대의 금채청자

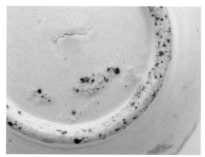

사진45 _ 금채백자의 바닥 부분

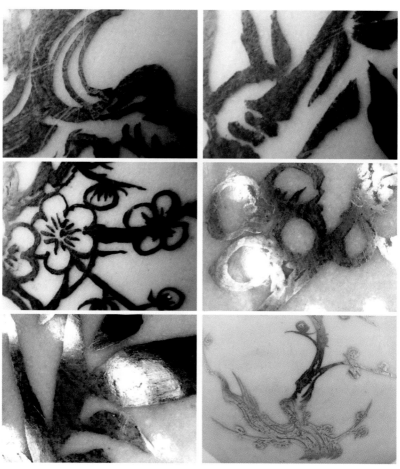

사진46 _ 금채의 확대(부분)

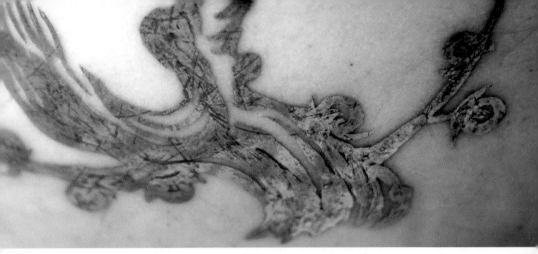

사진47 _ 금채부분의 확대(매화나무 아래 부분)

사진48 _ 금채 매화문양의 비교(청자금채 매화문대접, 일본소재)

가 시초이며 금채청자는 완성된 청자의 문양에 홈을 내어 파진 홈 속에 금
채를 하는 문양의 보조적인 수단으로 사용되는 방법〈사진 44〉과 도자기의
표면에 문양을 직접 그리는 방식이 있었다〈사진 48〉. 중국에서는 송대(宋代)
의 정요자기(定窯磁器)에서 처음 금채자기를 제작하였으며〈사진43〉, 주밀(周
密)의 저서인 계신잡식(癸辛雜識)에서 "금채장식 정요완(定窯碗)은 마늘 즙에 금
분을 개어 도자기 표면에 그림을 그린 후 가마에 넣어 번조하여 완성하였
다"고 한다. 그 후 원대(元代)에는 제왕만이 이 금채자기를 사용할 수 있었으
며, 명나라 초기까지도 매우 귀하였고, 16세기 중엽 이후부터 널리 제작되
었다. 지금도 중국의 경덕진요에서는 금채도자기 제작에 정요자기의 금채

방법을 사용하기도 한다. 우리나라에서는 고려시대 이후 조선시대의 금채자기는 아직 알려진 사례가 없었으며 이 유물이 유일하다. 조선시대의 금채자기 생산에 관한 문헌 또한 아직까지 밝혀진 사례가 없으며 근대에 들어와서 일본 기술에 의해 제작된 대한제국 왕실용기(王室用器)의 이화문장(李花文章)에 금채가 사용되었을 뿐이다〈사진42〉. 이 매죽무늬의 금채백자병은 약간 낮고 넓은 굽과 안정적인 몸체의 볼륨에 알맞은 목선이 조화를 이룬 전형적인 조선 초기의 백자병이다. 몸체에는 설백색(雪白色)의 유약이 골고루 잘 시유(施釉)되어 있으며 굽바닥에는 가느다란 모래받침을 사용하여 번조한 후 깎아낸 흔적이 있다〈사진 45〉. 몸체의 양면에는 대칭으로 꽃이 피는 매화나무와 바람을 맞는 대나무(風竹)를 당시에 유행하던 화법(畵法)인 몰골법으로 잘 그려 넣었다.

하얀 설백색의 몸체가 눈 위에 피어난 매화와 대나무를 한층 더 돋보이게 하여 한 겨울속의 곧은 선비정신을 느낄 수 있게 한

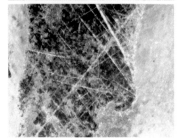
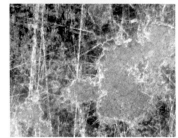

금채의 현미경 사진(400배)

다. 조선 초에 어떤 방법으로 이렇게 능숙한 금채를 하였는지 알 수 없지만, 고수의 도공(陶工)과 어느 문인화가(文人畵家)의 간절한 바람이 한 점의 예술품으로 결실을 이루어 후손들에게 안기었다.

윤증고택

11
백자청화 집연적(白磁靑畵家形硯滴)
조선(朝鮮) | 높이 8cm

조선 후기에는 도자기로 많은 종류의 연적을 만들었다. 문방구(文房具)에 속하는 연적은 특히 선비들에게도 인기가 많아 실용(實用)은 물론 관상용으로도 제작되어 사랑방의 사방탁자에 한자리를 차지하기도 하였다.

이 연적은 19세기 분원 관요에서 제작된 것으로 여섯 장의 네모난 점토 판을 만든 후에 서로 접합하고 세부조각을 하여 만들었다. 출수구(出水口)와 입수구(入水口)는 기와지붕의 등마루와 약간 휘어진 처마 끝에 있고 아담하게 지어진 기와집의 기둥과 창호 기왓골까지 섬세하게 표현하였다. 청량한

사진49 _ 집연적의 세부와 바닥면

사진50 _ 집연적의 비교(오른쪽, 국립중앙박물관소장품)

사진51 _ 일본 동경박물관의 백자청화집연적

빛깔의 청화안료와 곱게 정선된 순백의 태토, 맑고 투명한 유약이 삼위일
체가 된 명품 연적이다. 주춧돌까지 표현한 굽바닥의 접지면 네 곳에는 가
는 모래받침의 흔적이 남아있다〈사진49〉.

일본민예관 집연적

경주 읍내도의 신라고분 부분도, 조선시대(국립고궁박물관 소장)

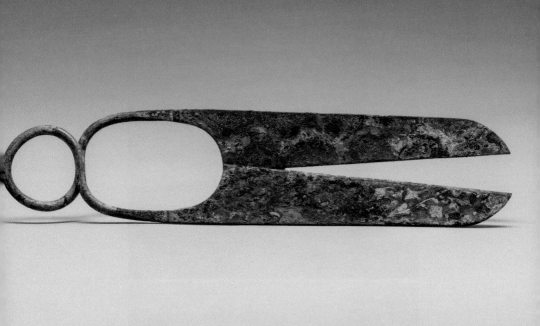

12

은도금 새 넝쿨무늬 가위(銀製鍍金彫花文鋏)

남북국시대 신라(南北國時代 新羅) | 길이 24cm

8자형의 은(銀)으로 만든 대형 가위이다. 가위의 양날에는 각기 10송이의 넓은 꽃과 흐르는 넝쿨과 피어난 꽃들 사이로 날아가는 한 마리의 새가 눈에 들어온다. 빼곡한 어자문(魚子文)의 바탕 위에 세련되게 조각된 꽃, 넝쿨, 새 문양에만 얇은 금박을 오려 붙여서 부분 도금(鍍金)을 하였다. 가위의 양쪽 날 부분에는 대칭이 되게 문양을 새겨 넣었으며 두 날이 맞닿는 부분에는 아직도 날이 서 있다.

경주 안압지에서 8자형의 작은 가위가 여러 점 출토 되었지만 실제 기능

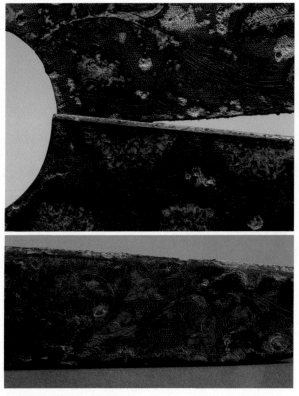

사진52 _ 가위의 날과 세부문양

을 할 수 없는 납으로 만든 가위였고, 촛불을 끌 때 사용하던 화려한 금동
초심지 가위가 출토 된 바 있다〈사진53, 위쪽〉. 이러한 8자형의 가위는 삼
국시대부터 고려시대까지도 건물터나 고분에서도 출토 되는데, 대부분이
철로 만든 가위들이다. 이 은제가위는 실제 사용할 수 있게 만들었으며 값
비싼 재질로 정교한 문양을 조각하여 제작하였고 신라왕실이나 귀족층을
위한 예술성과 희소성이 높은 유물로 주목된다.

　이렇게 화려한 가위의 제작은 당시 신분이 높은 여자들도 직접 바느질을
하였다는 것을 알 수 있게 해준다. 왕족이나 귀족의 여인들에 있어서 바느
질이 필수교양과정이 아니었을까? 깊어가는 서라벌의 겨울밤, 정답게 모여

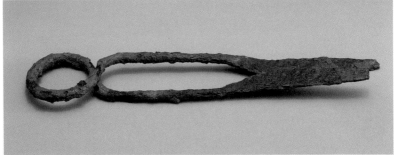

사진53 _ 신라 금동 초심지가위(위), 고려 철제가위(아래)

앉아 도란도란 속삭이며 바느질하는 도톰한 신라 여인네의 손길이 부드럽
다.

13

포도넝쿨 동물무늬 은병(銀製葡萄獸禽文小甁)

남북국시대 신라(南北國時代 新羅) | 높이 13cm | 굽지름 4cm | 무게 198.1g

작은 은병(銀甁)이다. 몸체의 알맞게 벌어진 어깨와 가늘고 곧게 뻗은 목은 균형이 잘 잡혀있고 입구도 알맞게 벌어져 있다. 이 시기에 같은 형태의 토기로 제작된 인화문 병이 많이 만들어져 전해오지만 은으로 만든 사례는 흔하지 않다. 문양은 전체적으로 목 아래의 어깨와 동체 부분으로 양분하여 세밀한 모조기법(毛彫技法)으로 시문하였고 바탕은 정연한 어자문(魚子文)으로 가득 채웠다. 어깨 부분은 일정하게 연속된 포도송이와 포도넝쿨이 번갈아 나타나는 포도넝쿨무늬가 둘러져 있고, 문양의 핵심 부분인 몸

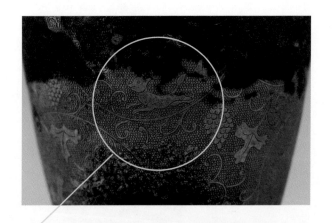

사진54 _ 달려가는 여우문양(아래 확대)

통 부분은 두 단의 연속되는 커다란 포도넝쿨 속에 새, 동물을 잘 배치하였
다. 동물문양은 포도넝쿨 위를 뛰어가는 여우의 모습으로 앞쪽 한발을 들
고 서 있거나, 달려가다가 뒤를 돌아보는 등 동작이 매우 자연스럽고 사실
적이다. 국립중앙박물관 소장의 신라 금은평탈경에 등장하는 여우와도 비
슷하다〈사진56〉. 포도송이와 잎 사이로 날아가는 새 또한 적절하게 배치하
여 세련되고 뛰어난 조각솜씨를 보이고 있다. 여우의 털과 새의 깃털까지
너무도 정교하게 조각하였다. 이러한 조각기술은 이미 그 맥이 단절되어

사진55 _ 신라 인화문토기병,
금동병

사진56 _ 여우문양의 동경(신라 평탈경)

현대의 조각술로는 재현이 불가능하다.

　남북국시대 신라 금속공예의 수준 높은 조각 수준을 알 수 있게 해주는 중요한 유물이다. 비슷한 기형의 유물로는 울릉도와 안압지에서 출토된 인화문 토기병, 갈황리사지 탑에서 출토된 금동제 사리병이 있다〈사진55〉.

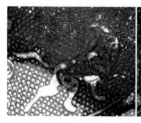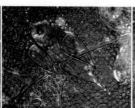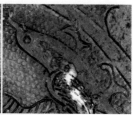

14

백자 달항아리(白磁大壺)

조선(朝鮮) | 입지름 15cm | 높이 35.5cm | 굽지름 13.8cm

17세기 말에서 18세기 말 이전까지 경기도 광주 금사리의 관요(官窯)에
서 제작된 항아리로 일명 '달항아리'라는 별칭이 있다. 일반적인 도자기보
다 큰 기물(器物)이기 때문에 몸체를 중심으로 윗부분과 아랫부분으로 나누
어 물레성형을 하고 맞붙여서 소성하기 때문에 몸체의 중심부에는 접합 흔
적이 남는다. 바닥의 접지면에는 유약을 닦고 가는 모래받침으로 번조(燔造)
한 흔적이 있으며 번조 후 붙은 모래는 고르게 깎아 내었다〈사진57〉. 짧고
낮은 입은 약간 밖으로 벌어졌으며 은은한 유백색의 통통한 몸체에는 시냇

사진57 _ 항아리의 평면, 입주변, 바닥굽

물 흐르듯 가는 빙렬이 잔잔하게 흐르고 있다. 이 항아리는 소박한 듯 아무런 문양이나 장식이 달려있지 않지만 결코 소박한 항아리가 아니다. 조선후기의 관요산(官窯産)으로 왕실이나 사대부가 아니면 사용할 수 없는 그 당시에도 매우 귀한 항아리였다. 그러면 사람들이 열광하는 달항아리의 감상포인트는 어디에서 찾을 수 있을까? 은은한 조선 후기 백자의 발색도 중요하지만 제일 중요한 것은 불안정 속의 아름다움이다. 즉, 보통 항아리는 바닥이 넓고 입지름이 바닥보다 작아서 안정적인 형태로 제작을 한다. 그러나 달항아리는 입지름이 바닥굽의 지름보다 넓어서 항아리의 불안정을 초래하여 공중 부양하듯이 항아리가 두둥실 떠 있는 것 같은 느낌을 받기 때

사진58 _ 백자 달항아리(중국 려순박물관)

문이다. 그리하여 달항아리의 아름다움이란 한가위 초가지붕위의 '떠있는
달'을 마음속 고향에서 찾는 것이다.

　안중근의사가 순국한 타국 만리 중국의 려순시 박물관에는 길 잃은 아이
처럼 세월의 흔적이 스며든 우리의 달항아리 한 점이 슬픈 듯 덩그러니 놓
여져 있다〈사진58〉.

15

고구려 금니 여래입상(高句麗金泥如來立像)•

고구려(高句麗) | 7세기 | 높이 13.7cm

　대좌 위에 직립한 여래상(如來像)인데 대좌와 몸체를 하나로 조성한 니조
불(泥造佛)이다. 이 불상은 표면에 옻(漆)칠을 하고 마르기전에 그 위에 금박
을 눌러 입혔다. 전체적으로 금박이 떨어져 나간 부분은 검은 옻칠이 남아
있다. 부처님의 얼굴은 세련된 동안(童顔)으로 아기부처님을 연상시키며 이
마에는 백호가 없고 머리에는 반구형의 육계(肉髻)가 솟아있으나 그리 높지
않다. 두 눈두덩이는 두툼하고 야무지게 꼭 다문 입가에는 작은 미소가 어
려 있고 양쪽 귀가 어깨까지 드리워져 근엄하면서도 자비스러운 모습이다.

사진59 _ 고구려 금니 불상의 우측면, 측면, 뒷면

사진60 _ 원오리 사지 출토 고구려 소조불(오른쪽)과 비교

사진 61 _ 불상에 남아있는 금박

법의(法衣)는 통견(通絹)하였으며 수인(手印)은 시무외(施無畏), 여원(與願)의 통인(通印)을 하고있다. 원형의 대좌는 1단의 괴임을 만들어 입상을 받들고 있다. 이 불상의 제작 시기는 얼굴 법의 등을 고려할 때 7세기 초반으로 추정된다.

현재 우리나라에 전해지는 온전한 고구려불상은 15점 내외이다. 일제강점기에 평양의 원오리 절터에서 출토된 소조불과 비교되는 유물이다〈사진 60〉. 소조불은 제작 당시에 채색이나 도금을 했을 가능성이 높지만 1500여 년의 세월에 채색과 도금은 남아있기가 힘들다. 현재까지 금박을 입힌 고구려 소조불로서 유일한 불상이고 전 단국대학교 박물관장 정영호 교수가 논문 발표하였다.

* 정영호, 1999년, 1543쪽, 「고구려 금니여래입상의 신례」 『불교학 논총』 천태불교문화 연구원 ; 정영호, 2001년, 1062쪽, 「고구려불상조각의 특성연구」 『고구려연구12집』 ; 정영호, 2005년, 127쪽, 「고구려의 불교와 불상」 『한국 고대의 고구려』 고려대학교 박물관.

16

금동 연못동자무늬 경갑(金銅製蓮池童子文經匣)

고려(高麗) | 가로 8.5cm | 세로 12cm

　　경첩을 만들어서 뚜껑형식으로 여닫을 수 있는 경갑이다. 즉, 휴대용으로 몸에 지니고 다니면서 손쉽게 볼 수 있는 불경상자이다. 잠글쇠는 거북이로 만들어 돌아가게 하여 잠기고 열리게 하였고 앞면과 뒷면은 고부조의 타출기법과 섬세한 모조기법을 사용하여 문양의 양감과 화려함을 표현하였다. 경갑의 측면과 뚜껑의 내면은 어자문의 바탕위에 연꽃과 당초문의 조합으로 역동감을 느낄 수 있다. 고려시대 연지동자문(蓮池童子文)은 가문과 자손의 번성함을 기원하며 청자대접 등 도자기 공예품에서도 많이 사용

사진62 _ 경갑의 화려한 세부 사진

사진63 _ 경갑 보존처리 전, 후의 상태

96

사진64 _ 경갑의 실물 크기비교(오른쪽, 국립중앙박물관 소장품)

되었다. 국립중앙박물관에 소장된 연지동자문경갑과 같은 종류의 유물이 지만 크기가 훨씬 크고 조각이 정교하며 거의 동일한 밑본을 사용하여 제 작한 것으로 보인다〈사진64〉. 앞면의 뚜껑에는 찰랑이는 물결위의 연잎위 에서 풍성한 연꽃 한줄기를 부여잡고 있는 동자를 압출양각기법으로 조각 하였고 끈을 매달았을 고리가 달려있다. 아래쪽에는 물결위에 노니는 원앙 한 쌍이 정겹고 동자 두 명이 연꽃 속에서 행복하다. 뒷면에는 한 폭의 그 림으로 아랫부분에는 외가리 한 쌍이 마주보고 서있으며 윗부분에는 다정 한 원앙 한 쌍이 마주 보고 있다. 가운데는 연꽃과 연밥을 들고 노는 동자 두 명이 있으며 큼직한 연꽃과 연잎이 역동적으로 빈곳을 꽉 채웠다. 뚜껑 을 열면 화려하고 큼직한 연꽃 한 송이와 연잎들이 조각되어 있으며 옆면 세 곳에는 어자문 바탕위에 화려한 연꽃줄기를 정교하게 조각하였다.

몇백년 후에 태어난 근대작가 이중섭의 은지화속 아이들이 이미 고려시 대 사람들의 마음속에도 내재해 있었던 것은 아닐까?

필통의 투각 구름문

함양 일두고택의 난간 구름문(1570년 건립)

17

백자투각 모란무늬 필통(白磁透刻牧丹文筆筒)

조선 초기(朝鮮初期) | 높이 17cm | 입지름 10cm | 굽지름 10.2cm

　조선 초기에 제작된 투각필통이다. 조선시대 후기에 분원관요에서 제작된 투각필통의 원형이라고 볼 수 있다. 전체적인 생김새는 항아리의 안정된 모양으로 배가 약간 볼록하며 입 주변은 살짝 벌어져 있고 필통의 안쪽면에는 물레흔적이 약간 남아 있다. 주문양(主文樣)은 조선 초기에 유행하던 기법으로 커다란 모란꽃과 꽃봉오리, 줄기 잎을 대칭으로 배치하여 능숙하게 투각하였고 위아래의 종속문양(從屬文樣)은 구름위의 여의주문양과 사다리꼴문양을 투각하였다. 몸체는 맑고 투명한 유약으로 빙렬이 있고 광택이

사진65 _ 모란투각 문양의 세부

사진66 _ 조선 초기 투각의자(일본 오사카 동양도자미술관)와 거북해시계 부분(일본 고려미술관)

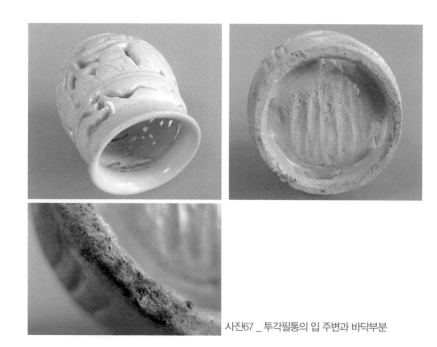

좋으며 바닥 굽에는 가느다란 모래받침 흔적이 남아 있다〈사진67〉.

　조선 초기의 백자는 고가(高價)의 코발트안료를 사용한 청화백자의 생산
이 매우 제한적이었다. 때문에 상대적으로 흑상감 기법이나 음각기법을 사
용하여 문양을 나타냈으며, 때때로 투각기법을 사용하기도 하였으나 제작
의 까다로움으로 특별한 경우에만 생산을 하였다. 이 유물은 조선 초 투각
기법의 희소성 뿐만 아니라 뛰어난 조형성과 문양의 예술성을 고루 갖추었
고 조선 초기의 문방구와 조선 후기의 문방구를 연결하여 연구할 수 있는
매우 중요한 작품이다. 오사카 시립 동양도자미술관에 소장되어 있는 조선
초기에 제작된 백자투각 의자와 같은 문양과 형식이며 재질은 일본 고려미
술관에 소장된 조선 초기 거북 해시계와 같은 연질백자이다〈사진66〉.

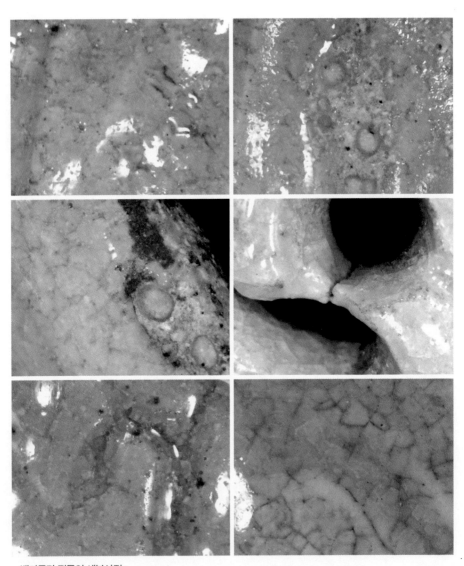

백자투각 필통의 세부사진

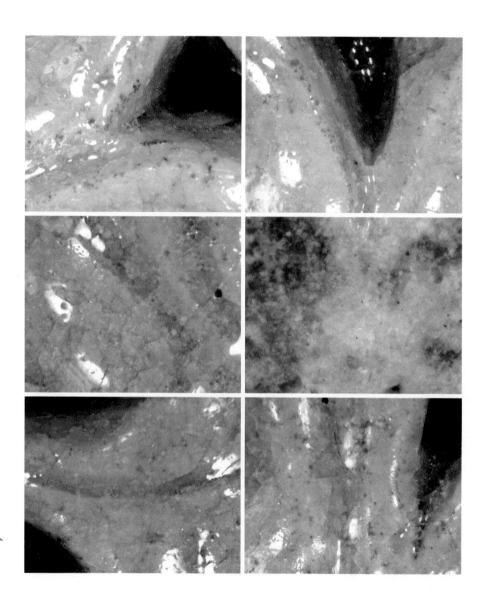

103

18

청동 잔무늬 거울(多鈕細文鏡)

고조선(古朝鮮) | 지름 13.5cm

단군왕검의 고조선(古朝鮮)이 후손에게 남겨준 가장 대표적인 유물은 고인돌, 청동검, 청동거울이다. 이 유물이 출토되는 지역은 과거 고조선의 영토로 보아도 무리가 없다. 한반도 전역과 현재 중국의 동북지방에 걸친 광활한 지역에서 골고루 출토되고 있다. 거울의 주성분은 구리와 주석이며 일정량의 납과 아연이 합금재료로 사용된다. 합금재료의 비율은 일정하지 않고 유물마다 다르다. 제작기법은 거푸집을 곱돌로 깎아 만들어 사용하거나 좀 더 정교함을 요하는 것은 밀랍주조법으로 만들었다. 거푸집은 일명

사진68 _ 거울문양의 세부와 뒷면 확대부분

용범(鎔范)이라고 하며 한 쌍의 곱돌을 겹쳐서 만들고 청동검과 같은 종류의 청동기를 여러 번 반복하여 많이 만들 수 있는 장점이 있다. 그러나 밀납주 조법은 정교한 방울이나 섬세한 문양의 청동기를 주조하기 편하지만 한번 밖에 사용할 수 없는 단점이 있다.

이 거울은 중심부 약간 윗부분에 두 개의 고리가 있고 가장자리인 주연부는 둥글게 턱이 져 있다. 문양은 삼각집선문(三角集線文)으로 되어있는데

사진69 _ 다뉴조문경(위, 중국 요녕성박물관,
국립중앙박물관)과
다뉴세문경(아래, 일본중요문화재,
동경박물관)

중심부는 가로의 삼각집선문을, 그 다음부터는 세로의 삼각집선문을 여덟
칸의 동심원에 배치하여 조합하였다. 동심원은 좁은 간격에서 점차로 넓어
지게 하여 햇살이 퍼져 나오는 느낌을 받게 하였다. 사선이 채워진 삼각무
늬를 주 문양으로 하여 바깥으로 이를 방사상으로 배치하여 태양이 빛나는
것을 표현한 것이다. 일정한 간격으로 수천 개의 선을 조합하여 만든 다뉴
세문경의 정밀한 제작기법은 아직도 풀리지 않는 숙제로 남아 있다.

19

청자 기린벼루(靑磁麒麟硯)

고려(高麗) | 높이 9.4cm

　기린은 사슴과 소의 중간 형태로 삼국시대 고구려고분벽화에도 등장하
며 신라시대에는 기와지붕에 와당의 문양으로도 많이 활용되어서 유물이
남아있고 조선 후기까지 민화의 상서로운 동물로 등장하기도 한다. 자애심
이 많은 동물로 일체의 동식물을 먹지 않고 살며 성인(聖人)이 나타날 때 그
모습을 보인다고 한다. 몇해 전 바다에서 발굴 인양한 청자 두꺼비벼루와
비교되는 유물이다. 같은 용도의 비슷한 크기와 형태의 기물이지만 제작방
법이나 기술력의 큰 차이점을 볼 수 있다. 이 유물의 몸통 속은 빈 공간이

사진70 _ 청자 기린벼루의 세부

110

다. 머리 부분과 등의 연당 부분을 별도로 만들어 접합한 형태로 입속에는 작은 구멍이 뚫려 있다. 번조할 때 높은 열이 발생하므로 터지지 않게 하기위한 열기 방출 구멍이다. 바닥에는 다섯 군데의 돌받침 자국이 있어 갑번(甲燔)의 상품으로 생산된 작품임을 알 수 있다.

먹을 가는 부분인 연당은 유약을 닦아냈고 목뒤로 먹물이 모이는 곳을 파내어 실제 사용할 수 있게 하였다. 기린의 눈동자는 철화 점을 찍어 생명력을 불어 넣었고 이빨에는 하얀 퇴화문을 칠

사진71 _ 청자퇴화문 두꺼비벼루(보물 제1782호, 위)
청자양각용문벼루(김대환 기증, 부안청자박물관 소장, 아래)

하여 돋보이게 하였으며 머리의 뿔과 발톱까지 세심하게 조각하였다. 곱슬곱슬한 갈기가 머리 뒤로 흘러내리고 바짝 웅크린 자세로 꼬리를 감아 올려 머리를 돌려 약간 처든 모습이 보는 이로 하여금 긴장감마저 감돌게 한다. 여러 조각으로 파손된 것을 복원하였으나 거의 원형을 유지하고 있으며 비취색의 유약으로 빙렬은 거의 없다. 기린형태의 연적과 향로는 여러 점 전해지고 있으나 현재까지 알려진 기린모양의 벼루로는 유일 품으로 생각된다.

20
석제불두(石製佛頭)

고려(高麗) | 높이 25cm | 폭 16cm

정연하게 늘어선 나발과 지긋이 감은 듯한 눈, 양옆으로 늘어진 귀에 귓불이 선명하다. 통통한 볼살에 야무지게 꼭 다문 입은 신라시대의 여운이 아직 남아있기 때문이다. 신라 말 고려 초의 극심한 혼란기를 지나고 코에서 인중을 지나 입술까지 손상을 입었고 불신(佛身)은 오간데 없지만 부처님의 얼굴(相互)에는 아직도 자비(慈悲)가 가득하다. 불자가 아닐지라도 모두 평안하리라.

21

청자양인각 도철무늬 향로(靑磁陽印刻饕餮文香爐)

고려(高麗) | 높이 11.2cm | 가로 17.2cm | 세로 16.8cm

　거의 정방형(正方形)에 가까운 사각향로이다. 각 면의 입구에는 뇌문대(雷
文帶)가 있으며, 몸체의 상단에는 동심원문과 회오리 문양이 교대로 나타나
고 하단에는 번개문양을 바탕으로 두 마리의 도철(饕餮)이 중심을 향해 마주
보고 있다. 도철은 중국 진한시기(秦漢時期)의 청동기 문양에 주로 등장하는
상상의 동물로 제왕의 통치를 정당화시키고 신성시 하게 지켜 주는 기물에
많이 나타난다.

　이 향로의 문양은 4면이 모두 압인(押印)에 의해 대칭이 되도록 압출양각

사진72 _ 청자향로의 옆면, 바닥면, 안쪽면

사진73 _ 청자 연지오리문 향로(보스턴미술관 소장)

되었으며, 몸체 전면에 기포가 많은 비취색 유약이 두껍게 시유되어 있고
굵고 가는 양각문양이 잔잔하게 드러나 보인다. 문양이 매우 정교하며 청
자유약과 완벽한 조화를 이루고 있다. 다리 바닥의 유약을 씻어내고 번조
하였으며, 형식적인 손잡이가 작은 것과 정방형의 기형이 매우 특이하다.

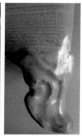

사진74 _ 청자 도철문 향로의 세부문양과 다리

　　고려시대는 왕실의 행사를 시작하는 궁중의례와 불교의 예불의례에 반
드시 향을 피워 의례의 시작을 알렸으며, 향을 피우는 것은 모든 행사에 필
수불가결한 과정으로 중요하게 인식되었다. 당연히 향과 향을 피우는 향로
또한 중요시 여겨져서 신성히 여기던 중국의 고대 청동향로를 모방하여 청
자로 만들어 사용하기도 하였다.

•　新北市立陶瓷博物館, 2011년, 201쪽「東亞靑瓷 的誕生與發展」『古靑瓷』

전남 강진 청자요지에서 출토된 청자와당

22

청자 연꽃무늬 와당 (靑磁蓮花文瓦當)

고려(高麗) | 지름 10cm | 두께 1cm

　　고려 의종 11년(1157) 4월에 왕이 왕궁의 동쪽에 궁원을 만들고 여러 전각을 세웠으며 관란정 북쪽에 양이정의 지붕을 청자로 얹었다고 고려사에 기록이 남아있다. 가장 이른 시기의 청자막새기와는 10세기경 제작된 청자 와당편으로 경기도 고양시 원흥동 청자가마요지에서 출토된 유물이다. 기와에 내구성을 높이고 장식적인 효과를 나타나게 하기 위하여 우리 선조들은 이미 삼국시대부터 유약을 입혀 번조한 기와를 사용하였는데 그 대표적인 사례로 익산 미륵사지에서 출토된 백제시대 연목와당을 들 수 있다〈사

사진75 _ 와당뒷면

사진76 _ 동불암 출토 명문청자와편

사진77 _ 유천리 출토 명문청자와편
(김대환 기증, 부안청자박물관)

진79). 그 후로도 남북국시대 발해와 신라 역시 유약을 입혀 번조한 기와를 사용한 사례가 많다. 이러한 전통이 고려시대 청자기와의 탄생에 가장 큰 이유가 되었을 것이다. 고려의 왕도였던 개성 만월대에서 출토된 이 유물은 전남 강진군 대구면 사당리의 청자가마터에서 출토된 청자와당과 같은 와범을 사용하여 제작한 것으로 생산지는 전남 사당리 청자관요로 비정할 수 있다. 고려시대 건물지에서 출토되는 기와보다는 작아서 정자 등의 작은 건축물에 사용하였을 것이다. 전북 유천리 도요지에서도 백상감으로 명문이 새겨진 청자기와 파편〈사진77〉이 발견되었고 전북 선운사 동불암에서도 흑상감으로 명문이 새겨진 청자기와편이 출토되었는데〈사진76〉, 이는 고려시대 전 시기를 걸쳐서 중요한 건물에 청자기와를 제작하여 사용하였을 가능성을 높여준다. 특히 사당리에서 제작된 청자기와는 수키와의 등에도 현란한 넝쿨문양을 새겨 넣어 그 화려함이 절정에 이른다. 우선 한 쌍의 숫막새와 암막새는 정교하게 조각된 와범으로 찍어서 모란문과 넝쿨문양을 섬세하게 표현하였으며 비색의 푸른 청자유약을 골고루 입혀 일반 실용기와 같은 수준으로 번

사진78 _ 고려왕궁지 출토 청자기와(암막새와 숫막새)

사진79 _ 녹유와당(백제, 남북국시대 신라, 발해)

조하였다〈사진78〉. 또 다른 연화문 숫막새 역시 틀에 찍어내어 연꽃문양으로 만들었으나 전자에 비하면 색감이나 조형성이 떨어진다. 구름 몇 점 떠 있는 개경의 맑은 가을 하늘에 비취색의 청자지붕이 더 해지면 금색의 지붕보다도 더 아름답고 찬란했을 것이다.

23

참외모양 옥합(玉石製瓜形盒)

남북국시대 신라(南北國時代 新羅) | 입지름 10.5cm | 굽지름 8.5cm | 높이 15.5cm

옥석(玉石)을 깎아서 만든 참외모양의 합이다. 용도는 골호(骨壺)로 사용되었을 것으로 추정된다. 이 시대의 골호는 신라삼채, 녹유도기를 비롯한 도토기(陶土器)와 함께 석제(石製)도 사용되었는데 석제는 대부분 곱돌계열의 납석(蠟石)을 많이 사용하였다.

이 골호의 특징은 귀한 재질과 과일 형태의 골호를 제작하였다는 점이다. 연질의 옥은 가공하기는 어렵지 않았을 것이지만 매우 귀한 보석이기 때문에 당시에는 옥으로 만든 골호의 다른 사례를 찾기 힘들다. 뚜껑과 몸

사진80 _ 경주박물관소장 곱돌함과 곱돌 작은 항아리

사진81 _ 옥합의 여러 부분

체를 하나의 원석에서 잘라 골이 없는 배꼽참외의 모양으로 만들었으며 참
외 끝에 배꼽부위와 약간 매달린 줄기가 뚜껑의 꼭지역할을 한다. 얇은 굽
의 바닥에 균형이 잘 잡힌 세련된 솜씨로 실제 참외의 크기로 제작한 유물
로 불교국가였던 신라인들은 다음 세상에서의 안녕을 기원하며 온갖 정성
을 다하여 골호를 제작하였다.

경주 괘릉의 석상

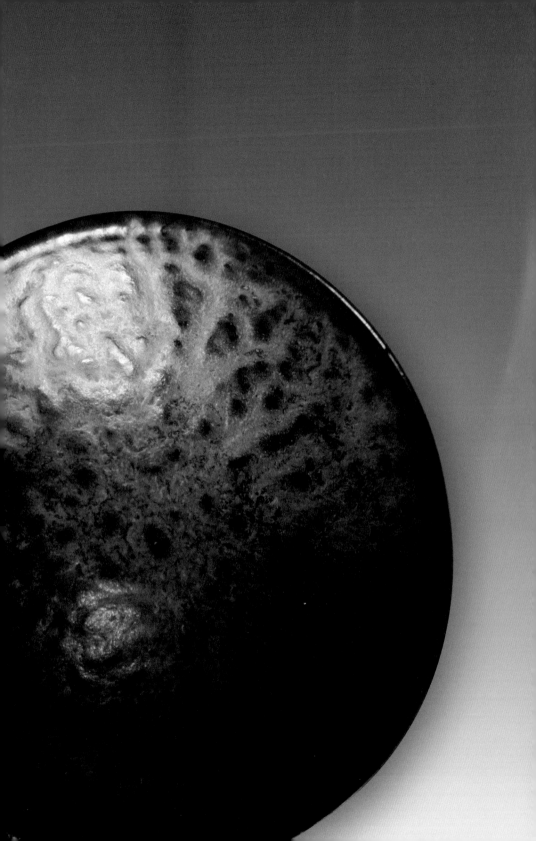

24

청자철유 완(靑磁鐵釉碗)

고려(高麗) | 입지름 15.8cm | 높이 4.5cm | 굽지름 6.3cm

　　고려시대 도자기 장인들의 다양한 기술개발 의지를 엿볼 수 있는 유물이
다. 청자유약과 철화안료를 혼합하여 시유(施釉)하고 자연스러운 유약의 흐
름이 문양으로 승화된 작품이다. 금속유물의 광택과 중후함을 흘러내린 유
약의 문양과 더불어 느낄 수 있는 명품찻잔이다. 당시 유행하던 천편일률
적인 중국의 천목(天目) 다완들과는 또 다른 자연의 아름다움이 스며있다.
유약을 두번 시유하여 유약이 태토에 이중으로 겹쳐서 자연스럽게 흘러내
린 상태로 금속재질의 효과를 나타내며 연녹색의 말차가 속에 담기면 색의

사진82 _ 다완의 안쪽면과 굽부분

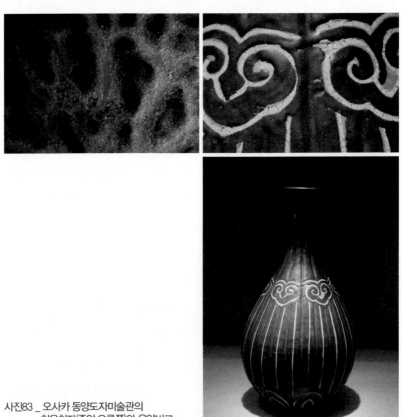

사진83 _ 오사카 동양도자미술관의
철유청자(중앙,오른쪽)와 유약비교

대비로 차의 식감을 한층 더 높여준다. 청자철유 찻잔으로는 유일하며 입
주변이 약간 타원형으로 편리하게 마실 수 있도록 하였다. 넓게 깎은 굽바
닥은 시유하지 않았고 여섯 곳의 내화토 받침 흔적이 남아있다. 현재 전 세
계에 완형의 고려철유청자(高麗鐵釉靑磁)는 10점정도 남아있을 뿐이다.

다완과 말차

25
청자음각 연꽃모란무늬 참외병(靑磁陰刻蓮花牧丹文瓜形甁)
고려(高麗) | 높이 23.1cm | 입지름 8cm | 굽지름 10.1cm

　이러한 형태의 참외형병은 고려시대 전 시기에 걸쳐서 만들어졌고 중국
에서도 많이 만들어졌다. 관상용으로 적합한 기형과 크기로 인기가 많았던
유물로 생각된다. 허리높이의 장식장이나 탁자에 올려놓고 감상하면 최고의
아름다움을 느낄 수 있게 만든 유물이다. 만약에 꽃을 꽂아서 사용하였다면
한 두 송이로 충분하였을 것이다. 전체적인 모양은 참외에 참외 꽃이 달려
있는 형상으로 나팔꽃과 비슷한 참외 꽃의 구연부는 활짝 피어 만개하였고
고려 여인의 주름치마 같은 높은 굽은 유물의 조형성을 한층 높여준다.

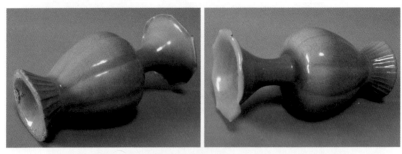

사진84 _ 청자 참외병의 몸체

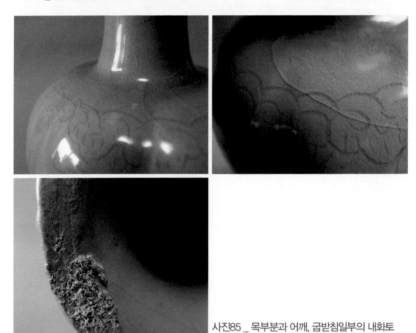

사진85 _ 목부분과 어깨, 굽받침일부의 내화토

　12세기 인종 장릉에서 출토된 것으로 전하는 참외 모양병은 어깨가 내려오고 목이 두꺼운 경향이 있고 유약의 발색은 중국의 여요청자와 비슷한 느낌이 있으며 몸체에는 문양이 없다〈사진 86, 왼쪽〉. 이와 비교하면 이 유물은 매병 형태로 어깨가 옆으로 약간 벌어졌으며 상대적으로 목이 가늘고 구연부의 꽃이 활짝 피었다. 몸 전체에는 음각으로 참외골마다 연꽃절지문과 모란절지문을 번갈아 넣었고 어깨부분에는 여의두문과 몸체의 하단부

사진86 _ 국보제94호, 오사카동양도자미술관 소장, 호놀룰루미술관 소장의 청자 꽃병

에는 연판문을 종속문양으로 시문하였다. 유약은 좀더 맑고 투명해졌으며 푸른 기가 감돌고 특히 목과 어깨부분의 접합면에 유약이 고여서 비취색의 아름다움을 한층 높여준다. 인종 장릉 출토의 유물에 이은 바로 다음 시기에 제작된 유물로 생각된다. 굽에는 내화토 받침의 흔적이 있고 구연부 끝 일부분은 일부 복원하였으나 전체적으로 보존 상태는 완전하다〈사진 85〉.

이 유물은 2011년 타이완의 신북시립박물관(新北市立博物館)에서 개최된 청자전시회에 고려청자의 대표작으로 해외 전시되었다.• 이런 형태의 참외병은 탐스러운 참외 위에 참외꽃이 달려있는 형상으로 고려 초기부터 말기까지 다양한 기법으로 제작된다. 순청자기법, 음양각기법, 흑백상감기법이 시기별로 적용된다. 〈사진 86〉의 세 종류 청자 꽃병 중에 고려 여인의 향기가 물씬 풍기는 가장 세련되고 우아한 자태를 지닌 유물은 어느 것일까?

• 新北市立陶瓷博物館, 2011년, 195쪽「東亞青瓷 的誕生與發展」『古青瓷』

고구려 금관의 확대부분

26

고구려 불꽃무늬 금관(高句麗火焰文金冠)

고구려(高句麗) ｜ 금관둘레 59cm ｜ 높이 15.8cm

　고구려 황금관(黃金冠)이다. 전 세계의 고대왕국(古代王國)에서 제작되어 전
해지는 금관은 모두 12점에 불과하다. 이 고구려 금관을 포함하여 우리나
라의 금관이 10점으로 신라금관 7점, 가야금관 2점이다. 아직 발굴되지 않
은 경주의 왕릉급 신라고분속의 금관을 생각한다면 우리나라는 세계적인
금관의 왕국이라 할 수 있다.

　고구려의 왕릉급 고분은 신라의 적석목곽분과 달리 돌방형 석실분으
로 도굴에 매우 취약한 구조로 만들어져서 고구려 멸망 이후 근대까지 약

사진87 _ 금관의 측면

사진88 _ 금관의 후면

1300여년동안 끊임없이 도굴 훼손되어왔다. 때문에 현재까지 고구려의 왕
릉급 고분은 처녀분으로 발굴된 사례가 한번도 없으며 여러 번에 걸쳐 도
굴된 후 간신히 남아있는 유물이나 과거 혼란기에 도굴되어 전해지는 전
세품 등으로 추정하여 고구려인의 문화수준, 생활풍습, 부장풍습 등을 추
정할 수 밖에 없었다. 이렇게 고구려 유물이 빈약한 상황에서 이 금관의 발
표는 매우 중요한 의의를 갖게 된다. 일제강점기에 평안남도 강서군 보림
면 간성리에서 출토되었다는 당시에 기록한 묵서(墨書)와 고구려 금귀고리
1쌍, 고구려 금동유물 수십여점이 함께 박선희 교수에 의하여 연구 발표되
었다.• 이 고구려금관의 기본형식은 관테에 두 종류의 불꽃무늬 세움 장식
7개를 이어 붙인 전형적인 삼국시대 금관양식이다. 모두 242개의 달개장식
을 달아 화려하게 치장하였으며 금관 테에는 16과의 꽃문양을 일정한 간격
으로 새겨 넣었다. 이 금관의 세움 장식인 불꽃문양은 고구려 벽화고분에
도 많이 등장하는데 특히, 서기 408년(광개토태왕18년)에 조성된 덕흥리 벽화
고분의 불꽃장식과 거의 유사하다. 고대왕국의 태양숭배 사상은 시간과 공
간을 초월하여 인간의 내재적인 공통된 신앙으로 세계 여러 곳에서 자리
잡았으며 태양의 불멸사상과 만물의 생명의 근원이라는 공통적인 의식이
작용하였다. 고구려 역시 태양의 존재로 영원 불멸의 화염문을 제왕의 금

136

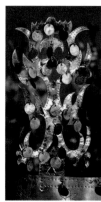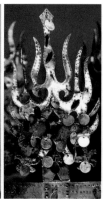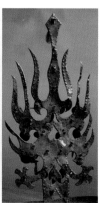

사진89 _ 두 종류의 불꽃무늬 세움 장식의 앞면과 뒷면

관이나 왕릉급의 벽화고분에 벽화문양으로 사용한 것이다. 태양을 대신할
수 있는 영원불멸의 물질로 지상에 존재하는 유일한 것은 오로지 금(金)으
로, 절대왕권의 고구려 태왕(太王)만이 이 금관을 소유할 수 있었을 것이다.
신라나 가야의 금관 보다 세움 장식이 훨씬 복잡하여 금판을 오려내는 제
작과정도 몇 배 힘들었을 것이다〈사진89〉. 이 고구려 금관은 일제강점기에
출토된 가야금관처럼 정확한 출토지는 알 수 없지만 출토지를 추정할 수
있는 당시의 묵서명이 남아있어 역사적, 학술적으로 매우 중요한 의의를
갖는다. 그동안 거의 도굴된 고구려고분에서 잔편(殘片)으로만 추정하던 고
구려금관의 실체를 1500여 년 만에 후손들에게 알려주었고 고구려의 찬란
한 문화와 숨겨진 역사를 밝혀주는 중요한 연결고리가 되었다.

　이 고구려금관은 금의 성분분석, 세움 장식판의 절단기법, 관테와 달개
장식의 이음기법, 금사(金絲)의 연결방법, 금판에 침착된 유기물과 점선조기
법(點線彫技法)의 특징〈사진90〉 등이 기존의 금제 고구려유물의 특성과 동일
하며 동반출토유물로 같이 발표된 금제귀고리, 금동마구, 금동못, 금동장신
구 등도 같은 시기에 조성된 고구려 유물과도 일치한다. 특히, 고구려의 중
요한 유적 유물이 많이 남아있지 않은 우리로서는 이 고구려금관이 중국의

사진90 _ 금관테의 꽃문양과 세움 장식의 내외 접합형태

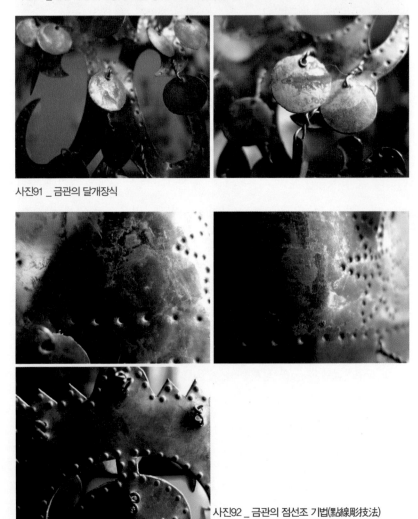

사진91 _ 금관의 달개장식

사진92 _ 금관의 점선조 기법(點線彫技法)

사진93 _ 고구려 불꽃무늬 금관과 금귀걸이

동북공정을 넘어서 우리민족과 고구려의 정통성을 이어주는 매개체의 역
할을 할 수 있는 매우 귀중한 문화유산이다.

* 박선희, 2011년 「신라금관에 선행한 고구려금관의 발전양상과 금관의 주체」『백산학보 제90
호』 : 박선희, 2013년 『고구려 금관의 정치사』, 경인문화사.

금관 달개장식의 성분 분석

- 측정 조건

측정장치	SEA2220A
측정시간 (초)	150
유효시간 (초)	106
시료실분위기	대기
조사경	원 3.0mm
여기전압 (kV)	50
관전류 (uA)	28
필터	OFF
마이러	OFF

- 확대 사진

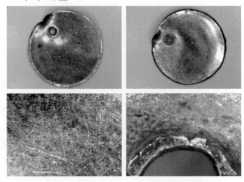

- 사료 이미지

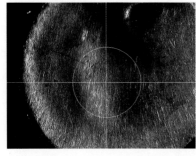

- 스펙트럼

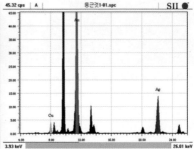

- 결과

Au	78.55(wt%)	889.453(cps)
Ag	19.92(wt%)	222.525(cps)
Cu	1.54(wt%)	36.797(cps)
Au	95.17(+− 0.70)(wt%)	1057.014(cps)

금관 달개장식 금사부분의 성분 분석

- 측정 조건

측정장치	SEA2220A
측정시간 (초)	150
유효시간 (초)	107
시료실분위기	대기
조사경	원 3.0mm
여기전압 (kV)	50
관전류 (uA)	182
필터	OFF
마이러	OFF

- 확대 사진

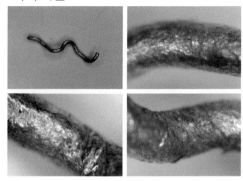

- 사료 이미지

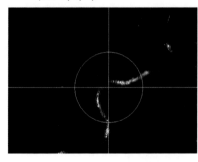

- 스펙트럼

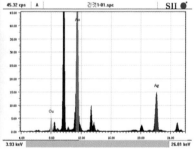

- 결과

Au	76.15(wt%)	807.851(cps)
Ag	21.94(wt%)	237.674(cps)
Cu	1.91(wt%)	43.514(cps)
Au	95.17(+− 0.70)(wt%)	1057.014(cps)

27

청자철화 넝쿨무늬 난간기둥(靑磁鐵畵唐草文柱)

고려(高麗) | 높이 57cm | 지름 19.2cm

　　고려시대 청자를 건축부재로 사용한 사례는 많이 찾아 볼 수 있는데 가
장 잘 알려진 것은 청자기와, 청자연봉 등 지붕의 재료를 만든 경우와 건축
물 내부의 벽장식으로 청자타일이 있다. 이 유물은 계단의 난간기둥으로
맨 위는 연꽃봉오리의 형태로 만들었고 몸체는 원통형이다. 바닥은 안정
되게 턱이 지며 넓게 만들었고 속은 비어있다. 기둥의 중상단부 양쪽에 난
간을 끼웠던 구멍이 뚫려있는데 높이의 차이가 난다. 계단의 난간으로 사
용된 것으로 생각되며 실제로 사람이 사용하던 공간의 계단에 사용된 것

사진94 _ 연봉부분과 바닥세부

사진95 _ 건물지 출토 청자 난간기둥 파편과 부분

인지는 확인할 수 없지만 건물지에서 출토되는 점으로 보면 실제로 사용한 것으로 보인다〈사진95〉. 철화안료를 사용하여 몸체에는 넝쿨문양을 활달하게 그려 넣었으며 비취색의 청자유약을 두껍게 입혔으나 번조과정에서 환원염을 못 받아 전체적으로 갈색의 철화청자로 되었다. 바닥은 내화토를 받쳐 번조한 흔적이 있고 철화로 그린 문양이 산화된 현상을 볼 수 있다. 국내에 알려진 거의 완전한 청자난간기둥은 두 점뿐인데 나머지 한 점은 호림박물관에 소장되어있다. 같은 형식의 호림박물관 소장 난간기둥은 몸체의 구멍이 평행으로 뚫려있어 계단이 아닌 평지의 난간 기둥으로 보인다.

28

분청사기 물고기무늬 작은 편병(粉靑沙器魚文小扁甁)

조선(朝鮮) | 입지름 3.2cm | 굽지름 5.2cm | 높이 8.6cm

16세기 호남지방에서 생산된 작고 아담한 편병이다. 작은 병을 물레성형한 후에 완전히 마르기전 몸체의 양쪽을 살살 두들겨서 편편하게 만들었다. 목은 짧고 입은 벌어졌으며 바닥의 굽은 몸체에 비하여 넓어서 안정감이 있으며 굽바닥에는 모래받침의 흔적이 남아있다. 유약은 맑은 담청색유약을 제법 두껍게 시유하였고 빙렬이 온몸에 잔잔하다. 하얀 바탕의 백토분장(白土粉粧)을 하고 물고기 두 마리를 활달한 필치의 음각으로 그려 넣었다. 두 마리의 물고기가 먹이를 놓고 타투고 있다. 먼저 먹이를 선점한 물고

사진96 _ 먹이를 잡고 다투는 물고기의 문양

사진97 _ 편병의 입구와 바닥굽(확대부분)

사진98 _ 물고기 문양의 비교(오른쪽, 일본소재 장군병 부분)

기는 여유가 있는 표정이고 다른 한 마리는 먹이를 빼앗기 위해 안간힘을 쓰며 뒤집어져 몸부림치고 있다. 규격화된 틀에 얽매이지 않은 자연의 문양으로 소박하고 수수함 그 자체이다. 어떤 생각으로 이 작품을 만들었을까? 익살스런 조선도공의 표정이 아련하다.

고급의 고려청자나 조선백자와는 다르게 당시 서민용 작품이 현대의 최고 명품이 될 수 있는 것이 바로 이러한 해학적인 분청사기뿐이다.

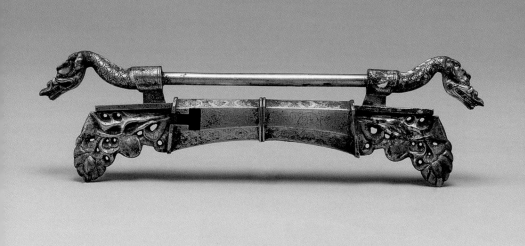

29

은도금 용두 자물쇠(銀製鍍金龍頭鍵) *

고려(高麗) | 길이 31cm

  은으로 만들고 몸 전체에 도금을 한 대형 자물쇠이다. 주조 후에 문양은
모두 두들겨 조각하는 선조기법(線彫技法)으로 조각하여 화려함의 극치를 나
타냈다. 바깥경자와 잠글쇠 양쪽부분은 화려한 용두로 장식하였다. 치켜 올
린 눈과 날카로운 이빨, 길게 뻗은 목의 비늘 등을 매우 사실적이고 섬세하
게 조각하였다. 자물쇠의 동체는 양쪽에 연밥과 연꽃을 사실적으로 표현하
였고, 중앙부의 몸체에는 당초문과 꽃문양을 삼각정이나 모정을 사용하여
섬세하게 조각하였다. 동체의 한쪽 측면에는 열쇠구멍이 있다〈사진99〉. 전

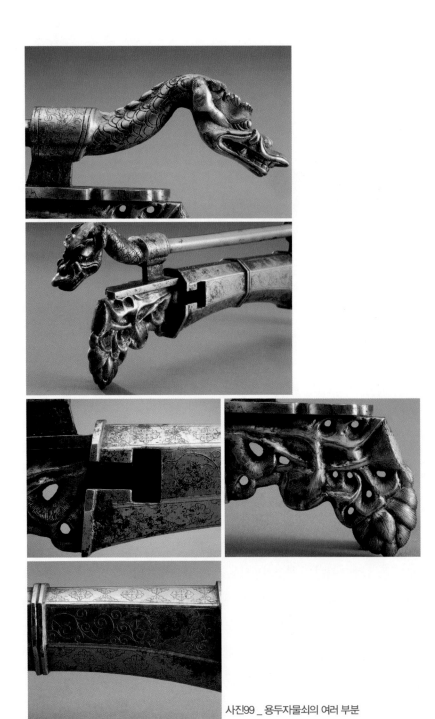

사진99 _ 용두자물쇠의 여러 부분

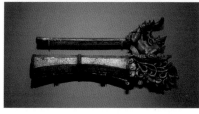

사진100 _ 은도금 용두자물쇠 비교
(아래 국립중앙박물관 소장품)

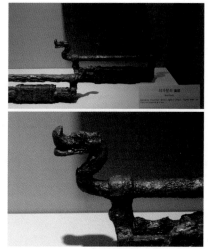

사진101 _ 청주 사뇌사지 출토 철제용두자물쇠

체적으로 도금은 일부 지워졌으나 보존 상태는 거의 온전하다. 자물쇠의
형식이나 문양 용두(龍頭)의 형태 등을 고려해 볼 때 고려 초의 유물로 추정
된다. 특히, 용두의 조각은 경북 영주 풍기에서 출토된 신라시대의 금동용
두보당의 용두와 유사하다.

* 하남역사박물관, 2011년, 58쪽 『금속공예와 빛』

30

청자역상감 모란무늬 뿔잔(靑磁逆象嵌牧丹文角杯)

고려(高麗) | 입지름 7.5cm | 높이 9cm

고려시대의 뿔잔은 일반적인 찻잔이나 술잔보다 그 수량이 적어서 귀하게 여겨진다. 일설에 의하면 몽고의 고려 침입 이후 몽고의 영향으로 제작되었다고 주장하는 연구자가 있으나 이는 잘못된 생각이다. 삼국시대에도 마상배의 형태로 풍요를 기원하는 뿔잔(角杯)을 많이 만들었고 이러한 전통은 조선시대까지 백자뿔잔의 제작으로 이어진다. 이러한 뿔잔형태의 마상배는 좀더 간략화, 실용화된 것으로 볼 수 있다. 현재 전해지는 청자 마상배의 유물이 거의 13세기 중·후반에 제작되어 청자마상배의 제작시기를 몽

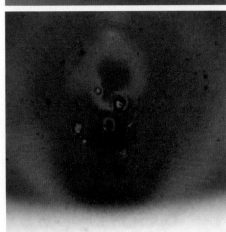

사진102 _ 잔의 측면, 바닥면,
        안바닥의 돌받침자국

사진103 _ 역상감의 확대부분

고침입 이후로 보는 견해는 잘못된 것이며, 이 유물은 백상감기법 만이 사용된 화려한 청자마상배로 제작 시기는 13세기를 넘지 않는다.

이 뿔잔의 문양은 번개문을 돌린 구연부와 화려한 넝쿨문양의 아랫부분이 종속문양으로 장식되어 있고, 주문양은 큼직한 모란꽃넝쿨이 연속되어 화려하게 돌아가며 자태를 뽐내고 있다. 더욱 화려한 것은 몸통의 주문양인 모란꽃과 넝쿨문양을 모두 역상감 기법으로 제작하였다는 것이다. 역상감 청자를 제작할 경우 보통 두 세배의 공력이 더 들어가고 실패 확률도 훨씬 높아지기 때문에 당시에도 최고급품이 아니면 제작을 꺼렸으며 제작수량이 상대적으로 적어서 현재 전해지는 유물의 양도 적다.

잔 안쪽 바닥에는 작은 돌받침 흔적이 남아있어, 기다란 도지미에 엎어서 번조한 것을 알 수 있으며 맑고 투명한 유약은 고려청자의 비색을 은은히 비춰주고 있다.

31

청동은입사 나한무늬 작은 정병(靑銅製銀入絲羅漢文小淨瓶)

고려(高麗) | 높이 19cm | 굽지름 5cm

　　정병은 자비를 상징하는 관음보살의 지물이며 불전에 정수(淨水)를 공양
하는 공양구이다. 이 정병은 주구(注口) 부분에 덮여있던 뚜껑과 몸체의 일
부가 유실된 작은 정병이다. 현존하는 고려시대 은입사정병의 문양은 용,
물가풍경, 연화, 보상화문 등이 주류를 이루고 있는데 반하여 이 유물의 주
문양은 특이하게도 나한상(羅漢像)이다. 창호(窓戶) 안에 선체로 합장한 두 나
한상 사이에는 연화당초문양으로 장식하였고 접지면의 굽에는 연꽃잎을
촘촘히 은입사(銀入絲)하였다. 정병의 어깨부분에는 여의두문을, 목의 중간

사진104 _ 창호안에 은상감된 나한상
과 정병바닥부분

에는 구름문을 세로로 입사하였고, 그 윗부분은 당초문으로 화려하게 장식하였다. 고려시대 작은 정병도 귀하지만 여기에 입사를 한 사례는 더욱 드물고, 정병에 입사된 나한상 또한 귀한 사례이다. 격식을 갖춘 정병과 종속문양(從屬文樣)의 틀은 그대로인데, 가만히 합장하고 서있는 나한의 얼굴은 아무리 보고 또 보아도 세상걱정 하나 없는 개구쟁이 옆집아이의 얼굴이다.

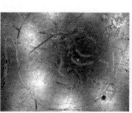

은입사된 나한상의 얼굴

32

금동 약사여래입상(金銅製藥師如來立像)

남북국시대 신라(南北國時代 新羅) ∣ 높이 18cm

약사여래는 동방유리광세계에 살면서 열두 가지 큰 바램을 발하여 사람
의 질병을 고치고 수명을 연장하거나 모든 고통에서 중생을 구제해 준다는
약사불을 형상화 시킨것이다.

이 불상은 보존상태가 거의 완벽하다. 도금의 상태와 균형 잡힌 신체비
례 등이 신라 절정기의 작품인 8세기 초반의 양식으로 볼 수 있다. 왼손에
는 작은 뚜껑이 달린 약합을 얹어 놓았고 손금과 손가락 마디의 표현까지
정교하게 조각하였다. 앙련과 복련의 팔각 연꽃대좌위에 단아하게 서있고

사진105 _ 금동 여래입상의 각 부분

통견의 옷주름은 몸과 양 다리 위를 U자로 흘러내린다. 특히, 육계상단의 위에 작은 홈이 파여 있는데 유리나 수정을 감입하였던 것으로 추정된다. 최근에 새로 공개한 신라 금동 보살입상(아래)의 육계정상과 감산사지에서 출토된 석조 아미타여래입상의 육계 위에도 비슷한 구멍이 있다. 엄숙함과 근엄함이 조화를 이룬 신라불상의 표본이다.

육계에 구멍이 있는 신라 금동불 부분(국립중앙박물관)

33

분청사기철화 당초무늬 다완(粉靑沙器鐵畵唐草文碗)

조선(朝鮮) | 입지름 15.5cm | 높이 6.9cm | 굽지름 4.7cm

조선 초기 철화분청의 대표적인 생산지인 충남 학봉리 지역의 가마에서
생산된 다완(茶碗)이다. 청자의 태토로 그릇을 만들고 백토분장(하얀 흙물을 붓에
찍어 칠함)하고 산화철안료로 문양을 그린 후, 청자의 유약으로 시유를 하여
가마에서 번조하였다. 이러한 분청사기는 임진왜란 이전까지 성행하였는
데 지방에 따라 제작하는 방법의 차이가 커서 생산지를 알 수 있다.

　이 다완은 백토분장의 문양이 확연하여 힘차고 생동감이 있고 거리낌 없
이 한번에 휘감았으며, 다완의 바깥면 세 군데에는 굵고 진한 철화로 영지

사진106 _ 분청사기 철화 다완의 안쪽면, 바닥면, 측면

사진107 _ 분청사기 다완의 비교(오른쪽 2점은 일본 민예관 소장품)

버섯이나 넝쿨문양을 추상적으로 그려 넣었다. 이것저것 따지지도 생각하지도 않고 항상 해오던 대로 제작하던 500년 전 도공의 작품 속에 탄생한 은은한 향기의 다완이다〈사진106〉. 이 다완은 유약의 표면에 사용한 흔적이 없고 굽바닥에는 아직도 굵은 모래알이 많이 붙어있는데, 이것은 이 유물을 제작하고 바로 부장품으로 사용하였다는 것을 알 수 있게 한다. 일본 민예관에도 분청사기 철화 다완이 두점이 있지만〈사진107〉 보존 상태나

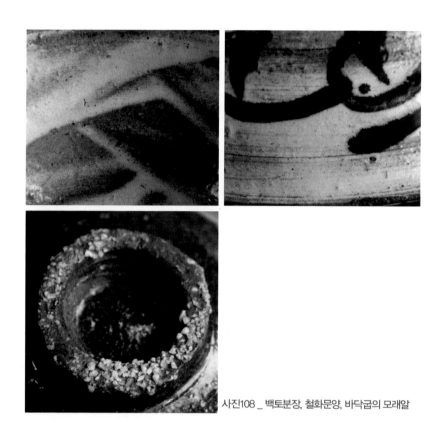

사진108 _ 백토분장, 철화문양, 바닥굽의 모래알

분장기법, 철화문양이 이들보다 훨씬 뛰어나다. 분청사기 철화 다완은 현재
까지 수량이 많지 않아 현재에도 차(茶)를 좋아하는 사람을 비롯하여 누구
나 소장하고 싶은 선망의 대상이 되는 유물이다. 이 유물은 2010년 전라남
도 무안의 조선차역사 박물관에서 개최된 한국 전통 다도구 특별전에 전시
되었다.*

---

* (사)초의학술문화원, 2011년, 75쪽 『한국전통 다도구』

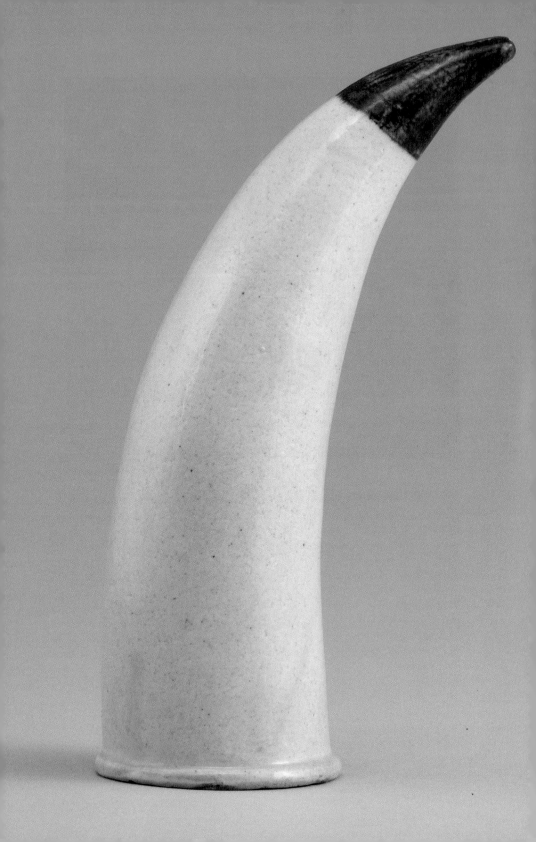

백자철화 뿔잔(白磁鐵畵角杯)

조선 초기(朝鮮初期) | 입지름 7.3cm | 길이 22cm

뿔잔은 고대의 유목민족이나 기마민족이 물잔이나 술잔으로 사용하던 실용기(實用器)이다. 우리나라 삼국시대나 중국 전국시대에도 만들어졌고 삼국시대에는 토기나 청동기로도 만들었다. 고려시대 뿔잔은 청자로, 조선시대는 분청사기나 백자로도 꾸준히 제작 되었으나 실용기 보다는 풍요를 기원하는 제례용기로 용도가 변경되어 사용되었으며 제작수량도 년대가 하대로 내려오면서 기형이 짧아지거나 제작수량이 급감하였다.

이 뿔잔은 조선 초기 경기도일대 관요(官窯)에서 제작된 것으로 뿔의 끝부

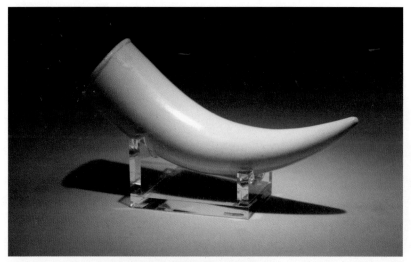

사진109 _ 오사카 동양도자미술관 소장의 백자 뿔잔

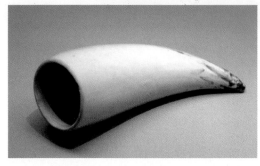

사진110 _ 백자철화뿔잔 보물
제1061호(이홍근 기증,
국립중앙박관 소장)

분에는 철화안료를 진하게 칠하였다. 뿔잔의 입 부분은 한단의 작은 턱을 만들었고 가는 모래받침 번조 후에 깎아낸 흔적이 남아 있으며 내면에는 물레흔적이 있다. 몸체의 태토에는 철분이 많이 남아 있고 회백색의 유약을 골고루 시유하였으며 빙렬은 없다. 뿔잔의 윗부분이 알맞게 휘어져 유려한 곡선이 아름다운 작품을 이루었으며 몸체의 표면에는 사용 흔적이 거의 없는 것으로 보아 제례(祭禮) 후에 바로 부장(副葬)한 것으로 보인다.

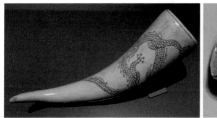

사진111_ 조선시대의 뿔잔(상감백자, 분청사기)

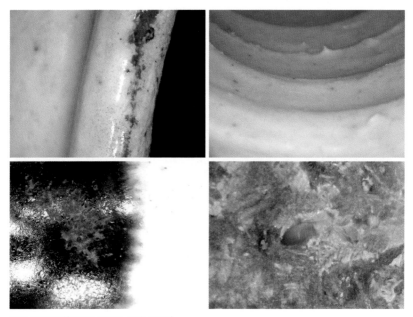

뿔잔 확대부분(철화의 현미경 사진 400배)

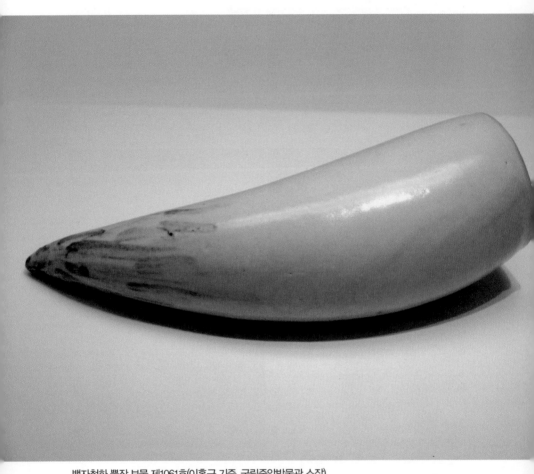

백자철화 뿔잔 보물 제1061호(이홍근 기증, 국립중앙박물관 소장)

35
청자철채 역상감 보상화무늬 장고(靑磁鐵彩逆象嵌寶相華文杖鼓)
고려(高麗) | 높이 25.3cm | 입지름 18.9cm

　장고가 우리나라 악기 중에 중요한 위치의 일부를 차지하고 있는 것은
확실하다. 삼국시대 고구려의 요고에서도 그 기원을 찾을 수 있으며, 고려
시대는 토기와 청자로도 만들어졌다. 청자장고는 울림판 받침을 하나씩 만
들어 두 개를 맞대어 만든 방식과 울림판 받침 2개를 처음부터 붙여서 번
조하여 만든 두 종류로 나눠진다. 출토되는 청자장고는 울림판이나 부속유
물들이 모두 유실되고 도자기 부분만 남기 때문에 어느 형태의 장고가 선
행된 것인지는 알 수 없으나 대체로 시대구분 없이 혼용하여 제작된 것으

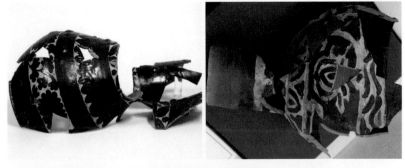

사진112 _ 유천리출토 장고편, 진도 용장산성출토 장고편(오른쪽)

사진113 _ 장고의 바닥부분과 몸체의 철채 역상감기법 부분

로 생각된다.

이 유물의 가장 큰 매력은 철채청자로써 백토로 역상감을 한 제작기법의 희소성과 예술성에 있다. 고려청자에서 희귀한 철채 역상감기법이 적용된 유물로 전북 부안 청자요지에서 파편이 출토되었으며 진도의 용장산성 건물지에서 파편이 출토된 사례가 있다〈사진112〉.

청자장고는 이동의 편리성으로 가볍게 만들기 때문에 기벽이 매우 얇으며 울림통받침의 끝은 얇은 턱이 있다. 주문양은 보상화 넝쿨문양으로 생동감 있는 활달한 필치로 새겼으며 종속문에 해당하는 오른쪽 부분은 작은 연판문으로 장식하였다. 이러한 구조형식은 고려시대 청동제은입사향완에 자주 등장하는 문양 배치형식이다. 장고의 기벽에 철채(鐵彩)를 한 후 문양의 바탕을 박지기법처럼 긁어내고 백토로 메워 넣어 문양의 돋보임을 극대

사진114 _ 장고원형을 복원한 모습

사진115 _ 고려시대 보상화무늬의 비교(은상감, 철채역상감, 철화박지)

화 시켰다. 한쪽은 유실되어 없어졌으나 완형을 알 수 있는 유물이다〈사진 114〉.

36

백자투각 철화 파초무늬 필통(白磁透刻鐵畵芭蕉文筆筒)

조선(朝鮮) | 높이 12.3cm | 밑지름 10.5cm | 입지름 10cm

조선 후기 경기 광주 분원리 관요에서 제작된 필통이다. 도자기필통은
조선 후기에 본격적으로 만들어 졌는데 그 내용도 풍부하여 십장생, 죽절
문, 모란문, 사군자, 산수문 등 선비의 기호에 맞게 다양하다. 조선 후기에
들어서면 도자기의 생산에 그동안의 틀에서 벗어나서 다양한 기법을 과감
하게 적용한다. 흰색의 백자에 전체를 동채(銅彩), 철채(鐵彩), 청화채(靑畵彩)하
여 금속용기처럼 보이게 하기도 한다.

이 필통은 투각의 파초문을 정교하게 조각한 후에 온몸 전체에 철화안

181

사진116 _ 백자철화소호, 백자투각파초문,
백자투각모란문필통

료를 바르는 철채와는 또 다르게 붓으로 철화안료를 위에서 아래로 드문드
문 자연스럽게 내려 칠하였다. 엷게 흘러내린 철화안료가 조각된 파초잎의
줄기로 흘러 들어서 자연스럽게 파초잎이 움직이듯 도드라져 보인다. 평생
반복되는 도자기제작의 일상에서 벗어나고 싶은 조선 후기 어느 도공의 심
정이 표출된 작품으로 어쩌다가 운이 좋으면 볼 수 있는 작품이다. 이와 유
사한 철화기법으로 일본 민예관에 소장된 작은 항아리가 있다〈사진116〉.

일본 민예관 철화필통

37

목각 아미타여래 설법상(木刻阿彌陀如來說法像)

조선(朝鮮) ㅣ 가로 150cm ㅣ 세로 153cm

대형의 목각(木刻) 후불탱화이다. 4장의 두꺼운 송판을 나비장 홈으로 끼
워 맞추어서 제작하였다. 우리나라에 목각탱은 현재까지 7점만이 남아있으
며 모두 문화재 보물로 지정이 되어있다. 목각탱이 많이 남아있지 않은 이
유는 그림만 그리는 탱화에 비해서 제작의 까다로움과 훨씬 더 많은 공력
이 들기 때문에 아예 제작 수량이 적었을 것이다. 일단 나무를 선정하여 밑
그림을 그리고 목각으로 정성들여 파낸 후에 도금과 칠을 하여야하기 때문
에 조선 후기 쇠퇴해가는 사찰에서 후불탱화를 그림이 아닌 목각 탱화로

모신다는 것은 감히 생각 자체도 어려웠을 것이다.

　이 목각탱화는 아미타불을 중심으로 하는 극락회상도이다. 주존불을 중심으로 여섯 보살과 두 존자를 조각하였다. 주존은 연화대좌 위에 결가부좌한 좌상이며 배후에는 연꽃을 삼중으로 돌린 타원형의 거신광배(擧身光背)가 있고, 그 위에는 피어오르는 앙련꽃 위에 좌상 2구와 입상 1구의 화불을 수직으로 배치하였다. 통견의 옷자락은 사자가 있는 연화대좌까지 길게 흘러내린다. 상단에는 석가의 제자인 아난과 가섭을 중심으로 오른쪽 월광보살과 지장보살을 왼쪽에는 일광보살과 미륵보살을 배치하였다. 하단에는 아미타불을 중심으로 오른쪽에는 보현보살과 세지보살을 왼쪽에는 문수보

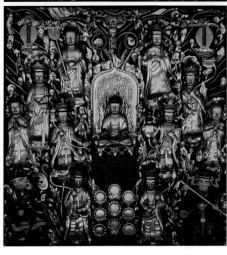

사진118 _ 남장사 보물제922,제923호,
경국사 보물제748호

사진119 _ 실상사 보물제421호, 용문사 보물
제989호, 대승사 보물제575호

사진120 _ 목각탱화의 아미타여래 부분

살과 관음보살을 배치하였다. 주존과 보살상의 상호는 네모지고 친근하며 전형적인 18세기 도상이다. 조선 후기 최고의 목조각이고 도금상태도 양호하며 기존의 목각탱처럼 현대에 도금을 다시 하는 개금(改金)을 하지 않아 원래의 옛 모습을 볼 수 있어 더욱 다행스럽다.

현재 목각탱은 사찰에만 7점이 소장되어 있으며 국공립박물관이나 사립박물관에는 없다. 이제 이 목각탱을 포함하면 국내에 모두 8점의 목각탱이 존재하게 된다.

보광사

38

아미타여래 좌상(木製鍍金阿彌陀如來坐像)

조선 전기(朝鮮前期) | 높이 101cm | 밑지름 45cm

조선 전기에 나무로 조성된 아미타여래 좌상이다. 이 불상은 중품하생
인(中品下生印)의 수인으로 오른손은 손바닥이 밖에서 보이게 가슴위로 올리
고 왼손은 무릎위에서 엄지에 중지를 대고 있는 형상으로 10악을 저지르지
않고 부모에게 효도하고 덕행을 쌓은 사람이 탄생하는 극락정토를 뜻한다.
이 불상은 허리를 약간 기울여 머리를 숙인 듯 한 자세로 머리는 나발로 표
현했고 커다란 육계위에 두 개의 계주를 올려놓았다. 두 개의 계주는 고려
시대부터 출현하여 조선시대에는 일반화된 표현기법으로 안착하였다. 얼

사진121 _ 천주사 목불상(오른쪽, 1482년)과 크기 비례비교.

사진122 _ 아미타여래의 상호와 뒷모습

굴은 위 아래로 장방형이며 이목구비가 뚜렷하다. 눈은 아래로 치켜 뜬 상태이며 입은 야무지게 다물었다. 얼굴의 세밀한 부분은 가느다란 묵선(墨線)으로 그려 세밀하게 표현하였는데, 조선시대 불상의 제작기법에 많이 활용되는 기법이다. 이 불상은 조선 전기에 제작된 천주사 목불상과 형태가 거의 동일하고 가느다란 허리와 약간 휘어진 두툼한 귓불, 두툼한 팔, 가사를 걸친 수법과 수인, 평행처리한 옷주름, 통견법의, 얼굴 표현기법 등이 조선 전기의 불상 제작기법과 일치한다. 조선 초에는 숭유억불 정책으로 불상의 제작 량이 적었을 것이며 특히, 조선 초기의 목불(木佛)은 흑석사와 천주사의 아미타여래상과 동아대학교박물관 보살좌상으로 3점만이 전해 오고 있었다. 현존하는 조선 전기 목제불상 중 제일 큰 것으로 복장품도 전해지며 보존상태도 온전하다.

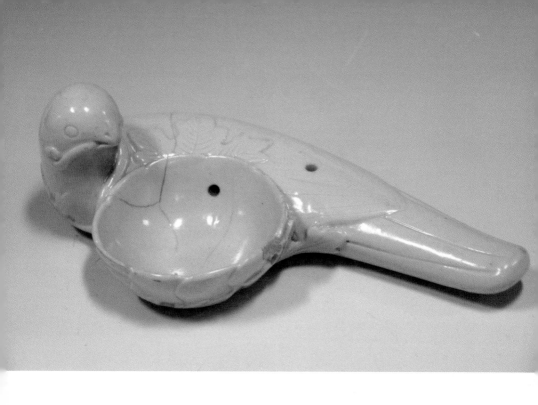

39

백자 앵무연적(白磁鸚鵡硯滴)

조선 초기(朝鮮初期) | 길이 20cm | 폭 10.4cm

조선 초기에 경기도 왕실 관요에서 만들어진 매우 귀한 연적이다. 조선 초기 백자로 만든 기물(器物) 중에 연적도 많이 생산되었지만 거의 대부분 보주형 연적(寶珠形硯滴) 일색이다. 아울러 조선 초기 백자의 상형연적(像形硯滴)은 매우 희귀한데 바로 이 앵무연적이 그렇다. 이러한 기형은 중국 명나라에서도 제작되어 귀족층에 보급이 되었지만 그동안 우리나라에서는 조선 후기 관요백자에서 제작된 사례만 간혹 볼 수 있었다. 고려시대 청자의 제작문양으로 앵무 문양을 많이 사용하여 대접의 안쪽 면에 음각기법으로

197

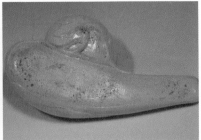

사진123 _ 앵무연적의 뒷모습과 모래받침 흔적의 바닥면

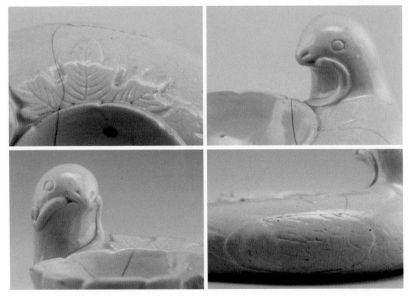

사진124 _ 백자 앵무연적의 각 부분

한 쌍씩 그려 넣었다. 고려시대부터 도자기에 사용된 앵무새의 문양은 조
선 초기의 이 백자 앵무연적과 조선 후기의 앵무연적으로 연결고리가 형성
될 수도 있다. 이 앵무연적은 크기도 제법 커서 왕실이나 상류층의 실용기
로 사용된 것으로 보인다. 앵무새가 잎줄기를 입에 물고 뒤를 돌아보고 있
는 형상으로 고려청자 오리연적에도 볼 수 있는 아름다운 자태이다. 조선
초에 유행하던 꽃잔(花形盞)을 몸에 끼고 등 아래쪽과 잔의 상단부에 입수구

(入水口)와 출수구(出水口)가 있다. 꼬리부분을 잡고 약간 안쪽으로 기울이면 연적속의 물이 잔에 고여서 필요할 때마다 사용할 수 있게 하였다. 각 부분의 조각에 흐트러짐이 없고 날개와 꽉 다문 입 등 조각의 기품이 대단하다. 투명한 백자유약과 철분을 제거한 백자토로 고운 모래받침을 깔고 번조한 조선 초기 경기 일대의 왕실관요에서 제작된 것으로, 높은 예술성과 보배로움을 간직하고 있다.

40

고려 금속활자(高麗金屬活字)

고려(高麗) | 가로, 세로 1.2cm내외

　고려시대 제작된 세계최초의 금속활자로 일명 증도가자(證道歌字)이다. 증도가자는 경북대학교의 남권희 교수가 다년간의 연구와 분석으로 최초로 발표하였다. 우리나라의 금속활자 주조와 인쇄술은 이미 세계적으로 잘 알려져 있다. 그동안 세계최초의 금속활자본인 직지심경(直指心經)이 2001년 유네스코 세계기록문화유산에 등재되어 있었지만 직지를 찍어냈던 고려시대의 활자가 존재하지 않았었다. 다만 국립중앙박물관과 개성역사박물관에 '復'자와 '顚'자 한 점씩만 전해올 따름이었다. 현재 국립중앙박물관의 '復'활

'증도가자'는 옆에서 볼 때 글자가 있는 면보다 바닥면이 넓은 철(凸)자형을 그리고 있었다. 경북대 신소재공학과 예영준 교수는 "조선시대 활자에서 흔히 보이는 주조결함이 증도가자에선 거의 보이지 않는다"며 "증도가자는 글자 표면이 기포 없이 깨끗해 현대기술로도 쉽게 만들 수 없을 것"이라고 말했다.

김상선 기자

증도가자, 먹 떼내 탄소연대 측정해보니 …
(證道歌字)

세계 최고 금속활자 가능성
12~13세기 나무로 먹 만든 듯
직지보다 100년 앞선 활자 추정

고려 금속활자인 소위 '증도가자(證道歌字)'가 현존 최고(最古) 금속활자일 가능성을 뒷받침하는 학술대회가 열렸다. 경북대 사회과학연구원과 청주 고인쇄박물관이 공동 주최한 '고려시대 금속활자 증도가자' 학술 발표회가 17일 서울 프레스센터에서 열렸다. '증도가자'는 지난해 9월 공개된 이후 세계 최고 금속활자본인 『직지(直指)』(1377년)보다 100년 이상 앞선 활자인지 여부를 두고 논란이 벌어진 바 있다.
(본지 2010년 9월 2일자)

◆활자에 묻은 먹 연대 측정=한국지질자원연구원 홍완 박사는 활자에 묻은 먹의 탄소연대 분석 결과를 발표했다. 연대측정의 신뢰도가 가

장 높은 방식이 탄소연대측정이다. 그러나 금속은 특성상 탄소가 포함되어 있지 않아 먹의 연대를 측정한 것이다.

홍 박사는 "여러 개의 활자 시료 중 표면에 진흙이 묻어 먹이 노출되지 않은 표본 8개를 골라 조사했다"고 말했다. 그중 먹의 양이 충분해 유의미한 결과를 낼 수 있었던 건 4개다. 분석 결과 서기 770년~1280년까지 분포됐다. 홍 박사는 "나무의 내부(목심)는 생장하지 않으므로 오래된 연대를 나타낸다. 최외곽에서 이 생장에 관여하므로 가장 젊게 나타난 연대를 신뢰하는 게 일반적"이라며 "가장 젊게 나타난 비(比)자의 1160년~1280년이 먹을 제작한 연대일 가능성이 높다"고 말했다.

경북대 문헌정보학과 남권희 교수는 "『남명천화상송증도가(南明泉和尙頌證道歌)』(이하 증도가)의 저본(底本)은 1232년 몽고가 침입해 강화도로 천도하기 이전 개성

에서 활자본이 인출된 것으로 추정된다"며 "먹의 연대 분석 결과와 시기가 일치한다"고 말했다. 물론 먹의 제작 연대가 활자를 만든 연대를 의미하진 않는다. 그러나 먹이 제작되었을 즈음에 금속활자본이 인쇄됐으리라고는 추정할 수 있다는 것이다.

◆증도가와 서체 일치하나=지난해 활자를 공개할 당시 남권희 교수는 "'명(明)' '여(如)' '평(平)' 등 12점이 『증도가』와 서체·크기 등이 일치한다"고 밝힌 바 있다. 이날 청주 고인쇄박물관 이승철 학예사는 "활자 101자를 조사한 결과 크기·무게 등으로 분류했을 때 '증도가자'류는 59자, 확인되지 않는 활자가 42자"라고 발표했다.

그중 『증도가』에 사용된 것으로 추정되는 글자는 37자다. 지난해 '증도가자'가 공개된 뒤 몇몇 글자는 목판본의 서체가 일치하지 않는다며 논란이 된 바 있다. 이에 대해

이 학예사는 "『증도가』에 쓰인 모든 글자꼴을 '증도가자' 37자와 비교한 결과와 형태가 유사한 것으로 나타났다"며 "번각본 『증도가』의 각 자새기는 사람이 11명이고, 같은 사람이 새긴 글씨도 매번 약간씩 형태가 다르기 때문에 활자와 인쇄본의 글씨가 완벽히 동일할 수는 없다"고 말했다.

남권희 교수는 "앞으로 '증도가자'에 대한 학제간 분석과 연구를 계속해 검증을 받아 나가겠다"고 말했다.

이경희 기자
dungle@joongang.co.kr

◆증도가자=『증도가(보물758호)』에 쓰인 활자체와 동일하다는 이유로 붙은 이름이다. 『증도가』는 고려시대 금속활자로 인쇄한 책을 1239년 목판으로 번각해 인쇄한 책이다. 적어도 1239년 이전 금속활자로 『증도가』를 인쇄했음을 추정하는 근거가 돼 왔다.

사진125_ 증도가자의 탁본, 신문기사

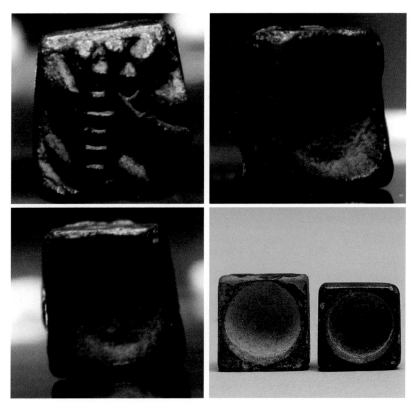

사진126 _ '復'활자(국립중앙박물관소장), 증도가자의 뒷면(아래 오른쪽)

자는 일제강점기인 1913년 이왕가박물관이 일본인 골동상 적성좌칠(赤星佐七)에게 12원을 주고 매입한 것이다〈사진126〉. 남권희 교수가 발표한 증도가자는 직지보다 138년 더 빠른 것으로 남명천화상송증도가(南明泉和尚頌贈道歌)를 인쇄한 금속활자를 말한다. 이 책은 현각선사가 깨달은 바를 적은 글인 「증도가」를 송나라의 남명천 선사가 1076년에 해석하고 찍어낸 책이다. 고려는 그 이후인 1230년 전후에 책으로 인쇄하였을 가능성이 높다.

이 금속활자들은 13세기 중엽의 주물 주조법으로 제작된 증도가자로 현재 국립중앙박물관에 소장 되어있는 '復'자와 같은 유형으로 활자의 주조방법과 서체가 일치한다. 연대측정의 신뢰도가 가장 높은 것이 탄소연대측정

203

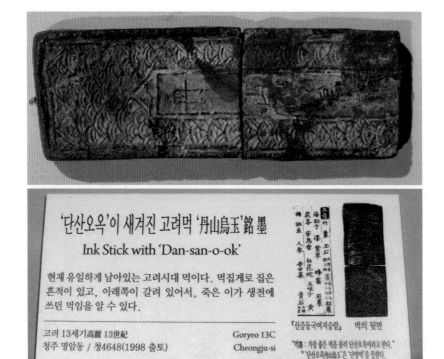

사진127 _ 유일한 고려시대 먹 (국립청주박물관소장)

으로 신뢰도가 90% 이상인데, 한국지질자원연구원과 일본의 탄소연대 측정기관에서 활자에 묻어있던 먹을 채취하여 분석한 결과 1160년에서 1280년의 제작 년대가 나왔다. 일부에선 고려시대 먹을 묻혀 년대 측정을 했다고 엉터리 주장을 하는 눈먼 학자들도 있으나, 고려시대 먹은 국가기관인 국립청주박물관에 단 한 점 밖에 없다〈사진127〉. 국립기관에서 소장하고 있는 먹을 어떻게 갈아서 활자에 묻히겠는가? 머리말에서 밝혔듯이 모르면서 아는 척하는 것이 훨씬 창피한 것이다. 확언하건데, 이 활자들은 개성의 고려왕궁지인 일명 만월대(滿月臺)의 궁내 주자소(鑄字所)터에서 발견되어 지금 세계의 인쇄출판학계를 흥분시키고 있는 것이다. 선조들이 남겨주신 유물(遺物)은 말이 없다. 다만 그 가치를 알아보는 후손만이 혜택을 누릴 수 있는 것이다.

남북 공동 발굴단이 개성의 고려왕궁지를 계속 발굴해 가면 반드시 잔여분의 고려 금속활자가 출토될 것이라 확신한다.

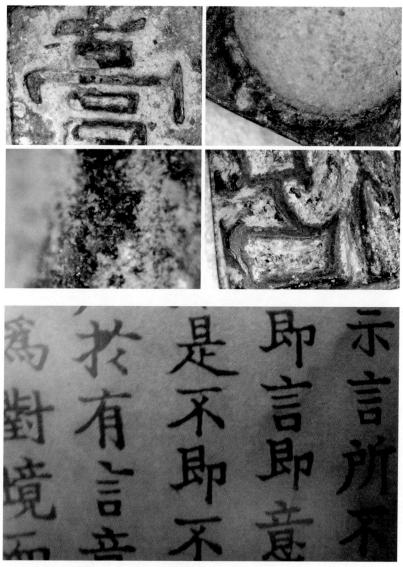

활자의 앞뒤면과 활자속의 먹흔, 증도가 부분(아래)

41

고구려 문자와당(高句麗文字瓦當)

고구려(高句麗) 4세기 | 지름 14cm | 두께 2cm

　우리나라에서 가장 이른 시기에 만들어진 와당 중에 하나이다. 고구려
가 수도를 평양으로 천도하기 전의 수도인 국내성(國內城) 또는 위나암성(尉
那岩城)에서 출토된 와당으로 현재는 중국 집안시에 해당된다. 중앙의 반구
형 원 안에는 태(泰)자가 새겨져 있고 주연부의 거치문과 권운문 사이에는
모두 8자가 새겨져 있다. '세무술년조와개기(歲戊戌年造瓦開記)'로 무술년은 숙
신국을 정벌한 제13대 서천왕 재위기간인 278년 이거나 백제의 근초고왕
에게 전사당한 제16대 고국원왕 재위기간인 338년으로 비정할 수 있다. 이

사진128 _ 와당의 탁본, 와당의 뒷면, 와당의 측면

사진129 _ 등기와 접합부분, 명문과 거치문, 와당측면 확대 부분

는 고구려가 적어도 3세기 말이나 4세기 초에 기와를 활용한 건축물을 이 미 사용하고 있었다는 증거로 삼국 중 가장 이른 시기에 해당한다. 흑 회색 의 이 문자와당은 고구려의 수도중 국내성에서만 출토된다. 일반적으로 붉 은색의 와당이나 흑회색의 연화문와당보다 앞선 시기에 제작된 것으로 추

정하지만 구름문 와당의 출토지는 거의 일반 건물지가 아니라 고분(古墳)에서 출토됨으로 기와의 제작시기를 구별하는 것보다는 기와의 용도를 구분하는데 필요하다고 생각된다.

중국학자들은 이 문자와당이 중국 한나라의 동경(銅鏡)문양과 비슷하다고 하여 한나라의 영향으로 생겨난 문양이라 주장하지만 이 와당의 제작시기에 한나라는 이미 세상에 존재하지도 않았다. 고운 태토에 모래질이 거의 없으며 높은 온도로 소성(燒成)하여 단단하다.

압록강 운봉댐에 수몰된 수백기의 고구려고분들

42

분청사기철화 파초무늬 장군병(粉靑沙器鐵畵芭蕉文獐本)

조선(朝鮮) ㅣ 입지름 4cm ㅣ 높이 14.3cm ㅣ 굽지름 5cm ㅣ 길이 23cm

작고 아담한 장군병이다. 몸체 옆의 굽은 안굽형태로 깊게 파였으며 가
느다란 모래받침 흔적이 있다. 몸 전체에 백토분장을 얇게 하고 철화안료
로 파초문양을 그렸다. 입주변의 파초문양은 바람개비처럼 돌아가는 듯 생
동감있게 원숙한 필치로 그렸고 몸체의 양 옆으로는 길 다란 파초잎을 시
원스럽게 그려 넣었다. 회청색 유약이 골고루 시유되어 있으며 진한 철화
의 발색이 한층 돋보인다. 조선 초 충청남도 계룡산의 철화분청 가마에서
생산된 것으로 몸통에 철화안료를 뿌린 듯 철화점이 산재해있다.

사진130 _ 철화안료의 산화 부분,
물고기문양, 바닥 굽

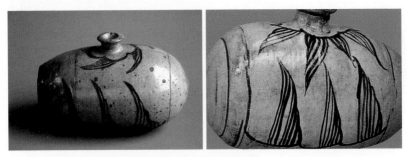

사진131 _ 유물의 비교(오른쪽, 일본 동양도자미술관 소장, 부분)

특이하게도 몸통의 바닥면에는 물고기 한 마리를 음각하였는데, 오사카
시립 동양도자박물관 소장의 분청사기 상감 모란무늬장군에도 몸통의 바
닥에 물고기가 상감되어 있다. 바닥에 물고기를 새기는 사례가 거의 없는

데 이 두 유물에서 그 이유를 찾아낼 수 있을지도 모르겠다. 이 장군병과 비슷한 문양의 유물을 1996년 오사카시립 동양도자미술관 분청사기 특별전에서 실견하였다〈사진 131, 오른쪽〉.

43
귀면 청동로(靑銅製鬼面爐)
고려(高麗) | 높이 22.5cm | 지름 24cm

입구는 삼산형(三山形)의 받침대로 단지나 주전자를 받치게 되어있다. 몸체는 중앙에 귀면얼굴이 있으며 벌린 입으로는 바람이 통하게 되어있다. 몸체의 양 옆면에는 고대 중국의 청동기에 조각된 귀면얼굴을 조각하였다. 몸체의 양 옆에 두 개씩 달린 고리는 손잡이를 달았던 것으로 추정되며 세 개의 귀면형상 다리로 중심을 잡았다. 1972년 6월 24일 국보 제145호로 지정된 귀면청동로와 같은 형식의 유물이지만 이 유물의 크기가 훨씬 크다. 귀족사회의 차모임이 성행했던 고려시대 차주전자를 올려놓고 차물을 끓

사진132 _ 몸체 귀면부분의 비교(국보제145호, 오른쪽)

사진133 _ 몸체의 속면과 옆면, 몸체 뒷면의 귀면
문양

사진134 _ 국보제145호와의 크기 비교(위),
18세기 일본의 토기로(교토박물관 소장 아래)

이던 차화로로 보인다. 이 차화로에 직접 불을 피우지 않고 불이 붙은 숯을
넣어 차주전자 속의 차물이 끓은 후에도 오랜시간 동안 식지 않게 하여 실
내에서도 사용할 수 있게 만든 차화로이다.

44

백자청화 동화 사군자무늬 항아리(白磁靑畵銅畵怪石蘭菊竹文壺)

조선(朝鮮) | 입지름 10cm | 굽지름 12.4cm | 높이 21.6cm

경기 광주 분원리의 왕실관요에서 19세기에 제작된 입호(立壺)이다. 바닥 접지면의 굽은 모래받침으로 약간 사선으로 꺾여 있으며 직립한 입구는 일부 파손되었다. 몸체의 양쪽에는 능숙한 필치로 사군자를 그려 넣었는데 한 곳은 청화안료로 곧게 뻗은 대나무를, 맞은편은 비스듬히 솟은 바위에 피어난 국화꽃과 난초를 거침없이 청화안료와 동화안료를 섞어 꽃문양을 강조하였다. 산화동안료는 1,300도 이상의 높은 온도에서 번조될 경우 타버려 색감이 흐려져 빨간 발색이 안 나오기가 쉬운데 이 유물의 산화

소호 김응원 작품

료의 발색은 매우 진하게 잘 번
조(燔造)되었다. 조선 후기 서구
열강의 침탈 속에 격동의 정치
적인 혼란기를 맞은 왕실에서
파견된 화원화가(畵院畵家)는 어
떤 생각을 하면서 이 작은 백자
항아리에 사군자(四君子)를 남겼
을까?

45

청동 칠층소탑(靑銅製七層小塔)

고려(高麗) ㅣ 높이 25cm

작은 청동탑은 석탑의 사리공에서 주로 출토되어 사리장엄구로 사용되었음을 알 수 있다. 이 유물은 고려시대 목탑 양식을 하고 있어서 당시의 목조건축 연구에 좋은 자료로 활용이 된다. 약간 밖으로 벌어진 난간이 있는 이중기단의 1층에는 작은 턱이 있고 사면에 안상(眼象)이 뚫려져 있다. 2층 기단으로 8개의 계단이 연결되어 있으며 각층마다 격자문의 창살이 공포를 대신하였다. 각 층의 기왓골이 선명하며 비례에 맞게 줄어들며 복발 역시 유선형으로 멋을 부렸으며, 온전하게 잘 남아있는 상륜부와 조화가

사진135 _ 탑의 상륜부, 탑의 옥개지붕

사진136 _ 분리된 탑(기단부, 옥개부분, 상륜부)

이루어진 세련된 청동소탑이다. 우리나라에 탑은 대부분 석탑만 남아있다. 그러나 과거에는 동양최대의 황룡사탑을 비롯하여 목탑도 많았을 것으로 추정된다. 몽고의 침입과 임진왜란, 정유재란, 병자호란 등 외침으로 대부분 불에 타 소실되었고 그나마 불에 타지 않는 석탑만 간신히 명맥을 유지하였다. 이 유물처럼 목탑양식의 청동소탑을 보고 그 당시의 목탑 구조를 파악할 수 있게 된다. 정성들여 만든 작은 탑에 고려의 시주자(施主者)는 어떤 마음을 담았을까? 덩그러니 서있는 탑사이로 작은 정적만이 감돈다.

기단부의 난간

금산사

46

백자청화 용무늬 꽃잔(白磁靑畵龍文花形盞)

조선 초기(朝鮮初期) | 높이 3.5cm | 굽지름 3.2cm | 입지름 6.5cm

　　조선 초기에 관요에서 제작된 작은 잔은 꽃모양으로 생긴 꽃잔(花形盞)과 잔의 양쪽에 손잡이가 달린 양이잔(일명 앵무잔)으로 나눌 수 있다〈사진139〉. 이 작은 꽃잔은 조선 초 경기 관요에서 제작된 것으로 입구가 약간 외반 되게 성형한 후, 일정시간 건조시키고 꽃모양으로 깎아 내었다. 잔의 안쪽 면에만 청화안료로 발톱이 다섯개(五爪)인 운용문(雲龍文)을 섬세하게 그려 넣었다. 조선 초의 청화안료는 아라비아에서 중국을 거쳐 수입한 고가의 물품으로 같은 무게의 금값만큼 비쌌다. 그러니 이 작은 잔의 가치는 제작 당시

사진137 _ 잔의 내면, 용문양, 잔의 바닥면

사진138 _ 조선 초기 백자 꽃잔의 비교

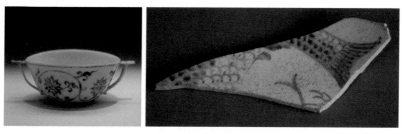

사진139 _ 조선 초 백자양이잔과 물고기무늬 전접시파편(무갑리출토)

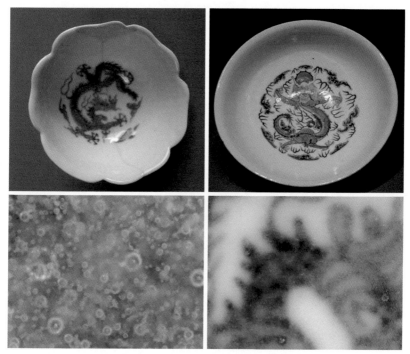

사진140 _ 조선 후기 용무늬와 비교(위 오른쪽), 청화안료의 현미경 사진(아래)

에도 상당히 높았을 것이다. 철분을 거의 걸러낸 태토와 맑고 투명한 유약을 사용하여 갑발속에서 정성스럽게 번조한 진상용 백자이다.

47

백자 말(白磁馬)

조선 초기(朝鮮初期) │ 높이 9.5cm │ 길이 14cm

　　조선 초기에 경기도의 왕실 관요에서 제작된 말이다. 말의 고삐는 음각
으로 능숙하게 표현하였고 안장을 등에 얹었다. 쫑긋 선 두 귀 사이로 갈귀
가 가지런히 흘러내리고 한참 물이 오른 듯 풍만한 몸매이다. 정선된 태토
에 맑고 투명한 백자유를 입히고 말의 무릎관절 위까지 빚어 고운 모래받
침을 사용하여 번조하였다. 조선시대 백자로 만든 말은 부장용 명기로써
만들어 졌는데 그 대부분은 작고 섬세하지 않다〈사진142〉. 사실적으로 조
각된 이 말은 세상 떠난 주인을 그리워하듯 몹시도 경건하다. 명기로 봐야

사진141 _ 백자말의 바닥과 뒷면

사진142 _ 유군묘 출토 명기 말. 1554년,
전북대학교 박물관 소장

232

할지 탁자위의 관상용기로 보아야 할지… 몸통의 표면에 긁힌 흠집이 거의 없는 것으로 보아 제작한 후에 바로 부장한 것 같다. 주인이 사랑한 말을 형상화시킨 명기일 것이다.

48

청자 꽃모양 다완(靑磁花形碗)

고려(高麗) ǀ 입지름 13cm ǀ 굽지름 2.5cm ǀ 높이 5cm

　800년전 진흙 가마의 화염 속에서 단아한 꽃 한 송이가 피어올랐다. 알맞게 벌어진 여덟 장의 꽃잎이 우아하다. 순청자의 생산이 활발하던 11세기 말엽부터 12세기 초에 이러한 화형접시, 화형발, 화형완이 생산되었고 그중 화형완이 제일 희귀하다. 고려시대 귀족사회에서 차(茶)문화는 모임의 기회를 갖게 하였으며 이러한 모임에서 자연스레 정치, 문화, 사회의 토론이 열리고 사회발전의 계기가 되기도 하였다. 차문화(茶文化)의 발전으로 찻잔(茶碗)의 형태도 여러 모양이 나타나는데 벌어진 사발과 같은 형태의 완(碗)

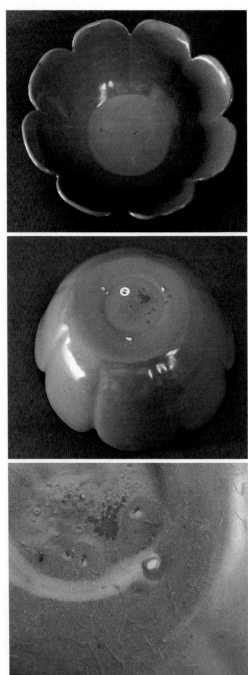

사진143 _ 안쪽면과 바둑알 굽,
바닥 돌받침 확대부분

236

은 차를 마시기가 편리하여 가장 많이 만들어졌다. 이 찻잔의 형태는 고려 시대 찻잔 중에서도 사례가 드물며 특히 바닥의 굽은 일명 바둑알 굽으로 옴폭 파여있다. 맑고 투명한 비취색의 유약을 몸체에 골고루 시유하였고 빙렬은 없으며 바닥의 세 곳에 작은 돌받침 흔적이 남아있다. 곱디 고운 어느 고려 여인의 한송이 꽃찻잔이다.

49

청동은입사 풀꽃무늬 매병(靑銅製銀入絲草花文梅瓶)

조선 초기(朝鮮初期) | 높이 21cm

　　조선 초기에 청동으로 만든 매병으로 어깨에는 여의두문이 종속문양으로 은입사(銀入絲)되었고 몸체에는 풀꽃문양이 주문양(主文樣)으로 간결하게 은입사되었다. 고려시대 매병에 비하여 어깨가 아래로 처져있으며 허리가 잘록하다. 이런 형태의 매병은 도자기로 조선 초기에 많이 만들어지며 청동제 매병은 전래 유물이 거의 남아있지 않으므로 이 유물은 특별히 주문 제작한 것으로 보인다. 몸통의 은입사는 고려시대의 기법이 그대로 이어져 매우 정교하지만 불교적인 의미의 문양은 거의 사라지고 자연의 초화문양

사진144 _ 몸체의 은상감 부분, 바닥면

(草花文様)이 주제로 바뀌었다. 또한 바탕을 꽉 채우던 고려시대의 입사공예로부터 여백이 생기기 시작한 은입사 공예기법으로 변형되었으며, 아울러 조선 초기의 청동 주조기술도 볼 수 있다. 어깨 아래로 흘러내리는 곡선이 유려하고 잘 균형 잡힌 몸매를 완성하였다.

50

청동제 '이양원발원'명 대발 (靑銅製'李陽元發願'銘大鉢)

조선1591년(朝鮮1591年) | 입지름 35.5cm | 높이 18cm

몸체의 양옆에 손잡이와 높은 굽은 별도로 주조하여 붙였다. 몸체에
는 음각으로 화려한 연꽃과 연밥을 새겼으며 손잡이 위에는 '我太祖創元
百七十五年辛卯光國三等漢陽府院君 臣 李陽元'이라는 명문이 잘 새겨져 있
다. 이양원(1526~1592)은 왕족으로 선조 23년인 1590년 종계변무의 공으로
광국공신 3등, 한산부원군에 봉해졌으며 임진왜란이 일어난 직후인 1592
년에 사망하였다. 따라서 이 유물은 그가 광국공신에 봉해진 다음해인
1591년 신묘년에 제작된 것이다. 몸체 가운데에 손잡이를 별도로 주조하

사진145 _ 몸체에 새겨진 명문

여 붙였고 바닥의 굽도 붙였다. 커다란 연꽃을 선조기법(線彫技法)으로 쪼아
서 시원하게 새겨 넣었다. 문양의 의미를 보아서 공신으로 봉해진 기념으
로 어느 사찰에 이 기물(器物)을 시주한 것으로 보인다. 조선 건국 200여년 후
유교국의 기치를 높였지만 왕족이나 사대부가의 신분이 높은 상류층도 계
속 불교를 떠나지 못한 것 같다.

이양원은 절개가 높은 문신으로 임진왜란 발발 후 선조가 압록강을 건너
명나라로 피신하려 한다는 소식을 듣고 분개하여 스스로 분사(憤死)하였다.
시대에 따라 애국(愛國)하는 방법도 여러 가지로 변모한다. 그러나 이양원과
같은 우국충정의 감성은 과거나 현재나 항상 똑같을 것이다.

미황사 부도탑의 게

51

청동 항아리(靑銅製壺)

고려(高麗) | 입지름 9.8cm | 높이 13.3cm

　　어촌에서 고동이나 작은 게, 조개를 잡아 담을 때 사용하는 대나무로 만
든 작은 항아리모양의 소쿠리를 청동으로 주조하고 정교하게 깎아 만들었
다. 몸체 상단에는 작은 다슬기 한 마리와 방게 두 마리를 정교하게 별도로
주조하여 붙였고 목 부분은 교차된 댓살처럼 투각이 되었으며 어깨부분에
는 여의두문을 음각하였다. 입구 부분은 안쪽으로 두들겨서 구부렸고 바닥
의 굽 부분까지 섬세하게 음각(陰刻)으로 조각하였다. 또한 몸체의 잘 짜여
진 대나무살 소쿠리문양은 청동주조 후에 별도로 양감(陽感)이 나도록 정으

사진146 _ 어깨부분의 다슬기와 게(부분)

사진147 _ 자사 주전자(중국 송),
옥제 소호(조선시대)

로 쪼아서 새겼다. 동반 출토된 숟가락의 형태를 보아서 고려 초기에 제작
된 것으로 보인다. 주문에 의해서 특별히 제작된 관상용으로 생각되며 이
러한 형태의 유물이 옥석(玉石)이나 도자기로도 제작되었다〈사진147〉.

52

백자음각 모란무늬 병(白磁陰刻牧丹文瓶)

조선 초기(朝鮮初期) ┃ 높이 26cm ┃ 입지름 4.7cm ┃ 굽지름 7.7cm

조선 초 경기 광주 부근의 왕실 관요에서 제작된 상품(上品)백자이다. 조
선 초기 관요의 상품백자에는 문양을 넣지 않은 것이 대부분이다. 이 유물
은 언뜻 보면 문양이 없는 것처럼 보이지만 가느다란 음각선의 문양이 존
재한다. 조선 초기에 유행하던 수법 그대로 몸체의 중앙에 커다란 모란꽃
을 대칭으로 그려 넣었고 목 부분과 몸체 아래 부분에는 종속문양으로 초
화문도 잊지 않았다. 전체적으로 유려한 기형의 백자병으로 유약을 두껍
게 시유하였으며 높은 굽에는 모래받침 흔적이 남아있다. 특이한 점은 굽

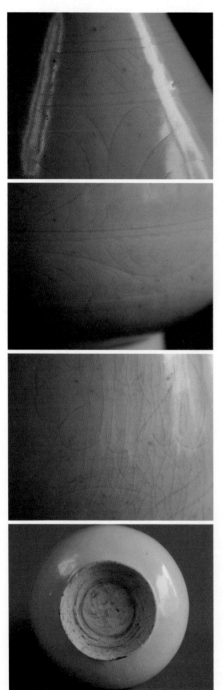

사진148 _ 백자병의 세부 문양

의 내면을 번조 후에 유약을 깎아내어 한글로 묵서(墨書)를 한 흔적이 있다. 철분이 잘 수비된 백토에 맑고 투명한 유약으로 조선 초 간결한 선비의 심성을 잘 나타내었다.

조선 초기 백자 항아리

53
청자상감 동화 꽃넝쿨무늬 접시편(靑磁象嵌銅畵蓮唐草文皿片)

고려(高麗) | 지름 10cm | 높이 1.3cm

도자기 생산이 활발하던 고려시대에 전 세계에서 도자기를 생산할 수 있
는 나라는 오직 고려와 중국 두 나라 뿐이었다. 그중에서도 도자기에 산화
동 안료를 사용하여 정상적으로 문양을 그려 넣는 기술은 고려에서 세계
최초로 시도하였고 성공하여 상용화하였다. 산화동 안료는 고온에서는 휘
발성분이 강하여 타버리기 때문에 소성온도 1300도 내외의 청자소성 온도
는 산화동 안료의 붉은색이 선명하게 나타나게 하기가 매우 어렵다. 고도
의 숙련된 번조기술이 아니고서는 희미한 흔적만 나타나는 산화동색에 만

255

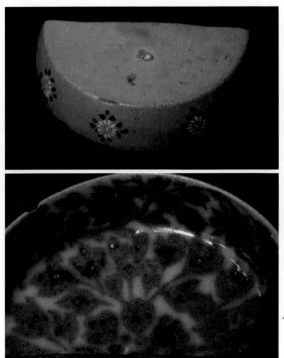

족하여야 한다. 이 작은 반쪽의 접시편이 고려시대 산화동안료를 이용한
최첨단 번조기술을 충분히 설명해주고 있다. 굽이 없이 제작한 이 접시바
닥에는 고급청자의 상징인 돌받침의 흔적이 한 곳 남아있고 직립한 외면의
구연부에는 일정한 간격으로 네 곳의 국화문양이 흑백으로 상감되어 있다
〈사진149〉. 중요한 것은 접시 안쪽에 붉은 동화안료로 그려낸 직립한 부분
의 국화넝쿨과 접시바닥면의 꽃문양이다. 작은 접시에 꽉 차게 그린 붉은
꽃문양은 기포가 많은 불투명의 비색청자 유약속에서도 선명하게 빛을 발
하고 있다. 동화안료를 도자기문양의 일부분으로만 사용된 것이 아니라 전
체 문양으로 과감하게 사용된 것으로 당시 고려 장인의 과감성과 최고의
도자기 번조기술을 알려주는 유물이다. 즉, 동화문양(銅畵文樣)이 주문양이고
상감문양이 종속문양이 되는 셈이다. 아마도 불을 때는 방법, 가마 안에 놓

사진150 _ 문양화된 청자동화 파편(왼쪽)

여 질 위치, 갑발의 형태 등이 특별했을 것이다. 〈사진150〉은 산화동안료가 주된 문양으로 사용된 것과 문양의 일부로만 사용된 청자 파편이다. 고려 인들이 세계최초로 청자 문양으로 사용한 산화동안료는 이후 중국에서도 도자기제작의 안료로 많이 사용되지만 그 누구도 동화청자의 제작기술이 중국보다 선행하였다고 주장하는 연구자는 아직까지 없다.

▲ 전등사 약사전

54

작은 은불감(銀製小佛龕)

고려(高麗) ∣ 가로 3.8cm ∣ 세로 2cm ∣ 높이 4.3cm

은으로 만든 작고 귀여운 불감(佛龕)이다. 불감은 부처님을 모시는 감실을 뜻하는 것으로 사찰에서 건물의 일부를 불감으로 만들기도 하며 이동이나 휴대가 간편하도록 작게 만들기도 하였다. 휴대용 불감은 그 재질에 따라서 나무를 조각하여 만든 목불감과 금속으로 만든 금속제 불감으로 크게 나눌 수 있다. 우리나라의 목불감(木佛龕)은 송광사에 소장된 것으로 보조국사 지눌이 중국에서 가지고 온 것으로 전하며(국보 제42호), 대부분 조선 후기의 작품들이 전해지고 있다. 금속제 불감은 고려시대부터 조선 초기까지의

사진151 _ 고려시대, 조선시대 불감(왼쪽),
        심곡사탑 불감 출토 전후(오른쪽)

유물이 대부분으로 고려시대 불감은 국립중앙박물관 소장품이나 송광사 고봉국사 금동불감, 심곡사탑 출토 금동불감 등이 있고〈사진 151〉, 조선시대 불감은 순천 매곡사탑 출토 금동불감, 수종사탑 출토 금동불감 등이 있다.

이 불감은 전각의 기왓골과 주초, 문창살과 처마, 문고리까지 섬세하게 조각하여 만든 후 별도로 아미타여래좌상을 은으로 주조하여 봉안하였다. 고려 장인의 은세공 기술을 탐미할 수 있는 유물로 현재 전각형태의 불감 중에 가장 작은 불감이다. 여행길에 이 작은 불감을 고이 모셔 놓고 작은 문을 조심스레 열고 예불을 드리던 고려 여인의 작은 소망은 이루어졌을까?

55

고구려 '정사년'명 도침(高句麗 '丁巳年' 銘陶枕) *

고구려(高句麗) | 길이 30cm | 높이 9.7cm

　　무덤 속 피장자의 머리를 받쳐 주었던 베개이다. 재질은 고구려 특유의 니질의 점토질이며 산화염 소성을 하여 붉은색을 띠고 있다. 피장자의 머리가 닿는 윗면은 반원형의 홈을 파서 맞게 하였고 가운데는 날카로운 꽃잎의 연화문과 윗부분에는 구름문양을 음각하였다. 양옆으로 주작(朱雀)을 마주보게 한 쌍 배치하였고 도침의 뒷면에는 두 명의 비천상(飛天像)이 공양물을 들고 마주보며 수평으로 하늘을 날고 있다. 양 옆의 모서리에는 백호(白虎)와 청룡(靑龍)을 조각하여 도교의 사신도(四神圖)와 불교가 혼합된 양상을

사진153 _ 도침의 명문과 문양의 확대 부분

사진154 _ 고구려 기마병(북한 우표)

보인다. 도침 앞쪽에는 피장자의 직책과 이름 부장시기를 명기하였다. '진고려국 기무 정군충남 정사삼월(晉高麗國 騎武 正郡忠南 丁巳三月)'로 피장자는 고구려 봉상왕 6년(297) 기병(騎兵)인 정군충남(正郡忠南)으로 생각된다. 삼국시대에는 백제나 신라에서도 도침을 사용하여 매장하였지만 석침, 목침 등 다양한 재질의 부장용 베개를 사용하였다. 중국 국내성의 고구려 고분(마선묘구 117호묘)에서 이 도침과 같은 재질의 도침이 발굴되었으나 명문이나 문양은 없었다〈사진 155〉.

도침의 주인공은 고구려 기병(騎兵)의 무장으로 연나라의 모용씨(慕容氏)와 격렬하게 전투를 벌이던 중에 전사하였을 가능성도 있을 것이다.

사진155 _ 마선117호묘. 고구려도침

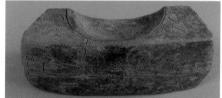

사진156 _ 도침의 윗면, 뒷면, 앞면, 바닥면

* 김대환, 2005년, 33쪽 「삼국시대 도침연구-고구려 명문도침을 중심으로」『백산학보 제71호』

56

청자 연리무늬 끈장식, 단추(靑磁練理文裝飾)

고려(高麗) ǀ 끈장식(높이 2cm, 폭 2cm) ǀ 단추(폭 2.1cm, 두께 0.3cm)

여러 가지 색상의 흙을 일정하게 섞어서 반죽한 태토로 성형하여 마치
대리석이나 물결무늬를 나타내는 기법으로 중국 당나라에서 먼저 제작되
기 시작하였다. 중국은 교태문양의 도자기라 하여 검은색을 나타내는 자토
(붉은흙)와 흰색의 백토를 반반씩 일률적으로 섞어서 반죽하여 마치 파도문
양처럼 일정한 문양을 나타나게 하는 기법을 많이 사용하였다〈사진159〉.
중국보다 한 가지 색상이 더 많은 고려시대 연리문(대리석무늬)청자는 자토와
백토 외에 청자토를 혼합하여 항상 3가지색상이 조화롭게 형성되며 자연

스러운 물결무늬로 그 아름다움 또한 몇 배로 상승한다. 세 종류의 각기 다른 흙을 혼합하여 사용하기 때문에 유약을 바르고 번조할 때 서로 다른 수분과 흙성질의 차이로 인하여 갈라지는 경우가 많아, 연리문청자의 크기는 대부분이 작은 합이나 잔, 완, 장신구 등에 한정되며 완성품의 성공확률이 매우 낮고 현존하는 수량도 적다. 〈사진 157〉은 주사위 크기의 육면체에 각 모서리를 반씩 일정하게 깎아내어 12면체의 구조물을 만들어 섞여진 물결무늬가 더욱 돋보이게 만들었으며 정 중앙에는 원형의 구멍이 있다. 그 용도는 확실하지 않지만 단추와 일괄 유물로 추정해 보면 도포 끈의 끝마무리 장식으로 생각할 수 있다. 투명한 청자유약으로 번조하여 자연스러운

사진158 _ 연리문청자 단추의 양면

사진159 _ 고려 연리문청자와 중국 연리문자기의 비교

문양이 잘 보이게 하였으며 바닥면에는 유약을 닦은 흔적이 남아있다. 〈사진158〉은 8각의 형태로 얇게 만든 단추로 한쪽에 치우쳐 뚫은 구멍이 있으며 번조시에는 세워서 번조한 흔적이 옆부분에 남아있다. 옷의 단추 구멍에 잘 끼워지도록 가장자리 부분을 얇게 깎아내어 기능성을 높여 주었다.

57

분청사기 상감 모란무늬 작은 편병(粉靑沙器象嵌牧丹文小扁甁)

조선(朝鮮) ㅣ 높이 11.5cm ㅣ 입지름 3.5cm ㅣ 굽지름 5.8cm

조선 초에 제작된 작은 편병이다. 양면의 몸체에는 부귀의 상징인 모란
꽃이 민화(民畵)처럼 면상감(面象嵌)으로 피어오르고 측면에는 두 단의 인화문
이 가득 메워져 있다. 이렇게 납작한 편병은 일반적으로 두 개의 접시형 몸
체를 만든 후에 서로 맞붙여 제작하며 굽과 입부분도 따로 제작하여 붙인
다. 그래서 물레를 사용한 편병에 비하여 제작공정이 까다롭고 번조(燔造)시
에 붙인 부분이 터질 확률이 높다. 이 작은 편병은 구(球)형태의 병으로 물
레성형을 한 후에 양쪽 면을 어느 정도 말랐을 때 잘라내고 별도로 준비한

사진160 _ 면상감기법의 모란문, 측면의 인화문

둥그런 점토판을 붙여 만들었다. 잘 균형 잡힌 몸매에 문양의 구성도 차분
하며 부귀를 상징하는 모란꽃의 조각도 탐스럽다. 아담하고 소담스러운 이
작은 편병은 조선 초기 소박한 사회상을 반영하고 있다.

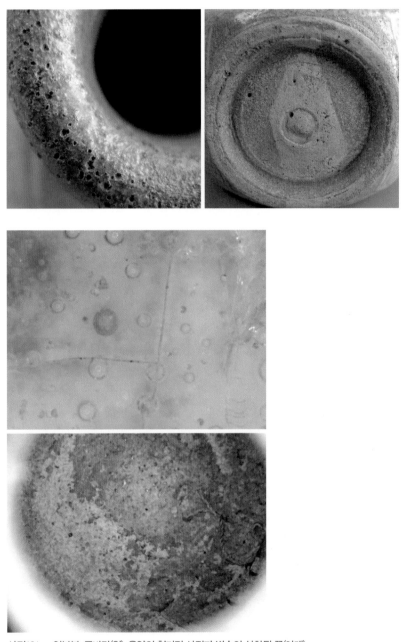

사진161 _ 입부분, 굽바닥(위), 유약의 현미경 사진과 병속의 산화된 끈(아래)

273

58

청자 과형합(靑磁瓜形盒)

고려(高麗) ｜ 높이 7.5cm ｜ 입지름 6.5cm ｜ 굽지름 5cm

　　뚜껑과 몸체가 거의 비슷한 크기의 참외모양의 합이다. 뚜껑은 2단으로
배꼽참외를 형상화한 모습이다. 뚜껑과 몸체가 맞닿는 곳은 유약을 닦아내
고 내화토를 6곳에 괴어 뚜껑과 함께 번조하였다. 바닥에는 3개의 작은 돌
받침 흔적이 있으며, 몸체에는 잔잔한 빙렬이 있고, 맑고 투명한 유약이 골
고루 녹아 비색을 띄고 있다. 비슷한 크기와 형태의 유물이 〈사진163〉처럼
있지만, 사진의 유물들처럼 '상약국'명문이 없기 때문에 용도는 확실하지
않다.

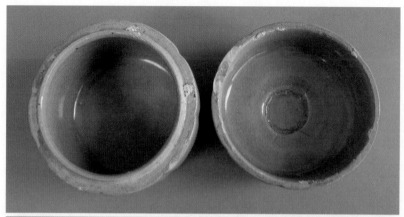

사진162 _ 청자합의 내외부

사진163 _ '상약국'명 합(위)
(보물 제1023호, 보물 제646호)

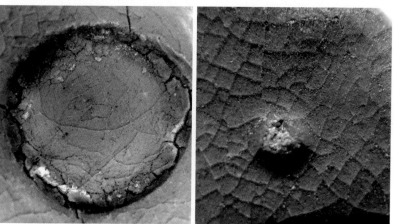

사진164 _ 뚜껑 안쪽면의 확대, 바닥 돌받침의 확대 부분

고구려 니조 보살입상(高句麗泥造菩薩立像)·

고구려(高句麗) ㅣ 7세기 ㅣ 높이 15cm

　대좌와 보살입상을 하나로 조성한 니조불상이다. 소발(素髮)의 머리위에 높직한 나발이 2단으로 표현되어 있으며 얼굴(相互)은 세련된 어린아이의 얼굴이다. 지그시 감은 듯한 두 눈 사이로 야무지게 다물은 입가엔 미소가 어려 있다. 양쪽 귀가 길지 않고 삼도(三道)의 표식이 없어서 근엄하거나 자비의 인상은 크게 주지 않으나 오히려 간결한 느낌을 주고 있다. 법의는 통견하였으며 오른손에 걸친 천의(天衣) 세자락은 밑으로 흘러 왼쪽팔에 걸쳐 천의 자락과 교차된 모습을 보이고 있는데, 이처럼 천의가 교차된 형식은

사진165 _ 니조불상의 각부분

삼국시대 보살상에서 볼 수 있는 전형적인 양식이다. 원형의 대좌는 보상
화문으로 장식하였으며 수인(手印)은 오른손을 수평으로 들어 가슴높이에서
손가락을 상향(上向)하고 외장(外掌)하였으며, 왼손은 수평으로 들어 내장(內掌)
하여 세 가닥의 천의를 잡고 있다. 이처럼 고구려시대에 작은 니조불을 만
들어 찍은 틀과 니조불들이 평양의 원오리 절터에서 출토되었다. 틀로 찍
어낸 불상에 세밀한 문양을 새기고 소성하여 채색이나 금칠을 입힌 것으로
보인다. 전 단국대학교 박물관장 정영호 교수가 이 불상에 대한 논문발표
를 하였다.

사진166 _ 원오리출토 고구려불상과의 비교(위),
토성리출토 불상틀 파편(아래)

• 정영호, 2002년, 395쪽 「고구려 니조보살입상의 신례」『맹인재 선생 고희기념 한국의 미술문
화사 논총』; 경기도박물관, 2005년, 20쪽 『우리곁의 고구려』

60

백자청화 용무늬 각접시(白磁靑畵雲龍文角皿)

조선(朝鮮) ㅣ 입지름 14.5cm ㅣ 굽지름 9cm

조선 후기 경기 광주 분원리의 왕실관요에서 제작된 12각 접시이다. 18세기 중반 이후부터 도자기에 용문양이 상용화되었는데 특히 주병이나 입호(立壺)에는 용문양이 많이 사용되었다. 당시에는 그릇의 종류에 따라 선호하는 문양을 사용한 것 같다. 이 유물은 19세기 접시에는 잘 사용하지 않은 용과 구름문양을 능숙하고 활달한 필치로 중심부에 배치하고 12각의 모를 낸 접시 가장자리에는 추상화된 괴석(怪石)과 파초문양을 그려 넣었다〈사진 168〉. 물론 그림의 솜씨로 보아 왕실의 화원화가 작품이 분명하고 균형이

사진167 _ 용문양, 바닥굽, 바닥굽 부분

284

사진168 _ 괴석 파초무늬와
접시 뒷면의 구름무늬

잘 잡혀있다. 조선 후기의 관요작품 중에서 그림이 그려진 접시는 수량이
적은 편인데, 특히 각접시에 용문양의 접시는 더욱 그렇다. 움푹 들어간 바
닥과 낮은 굽에는 모래받침 흔적이 남아 있고 정선된 태토에 담청색의 유
약으로 잘 소성된 된 유물로 많이 사용한 흔적을 찾아 볼 수 있다.

▲ 중국 적봉시의 홍산
◀ 홍산문화의 남자신상(기원 전 5000년)

61

여러 종류의 석기(打製石器)

신석기시대(新石器時代) ㅣ 크기 2.5cm~4.7cm

　　신석기시대의 각종 석기류이다. 세계 4대문명 발생지 중에 중국의 황하
문명이 포함된다는 사실은 누구나 알고 있다. 그러나 그보다 1000년이나
더 빠른 신석기문명이 한반도와 만주지역에 이미 존재하고 있었다는 사실
을 아는 사람은 많지 않다. 중국에서 발굴된 홍산문화 유적과 홍륭와 유적
이 바로 그것이다. 이 지역의 신석기유적은 한반도 전역에서 출토되고 있
다. 즉, 같은 문화권이었다는 것이다. 황하문명보다 빠른 문명이 이미 한반
도와 동북지방에서 발생하고 있었던 것이다. 중요한 것은 이 신석기문명과

사진169 _ 눌러뗀 석기(밀개)와
화살촉, 몸돌

청동기 고조선의 문명에 연속성이 있다는 것이다. 선사시대부터 고조선, 부여, 고구려, 백제, 신라, 발해, 고려, 조선, 현재에 이르기까지 우리민족의 문화권은 한반도를 넘어 중국 동북지방을 포함한 것이다. 영토는 잃었어도 선조들이 남긴 문화유산은 잃지 말자. 이 유물들은 긁개, 밀개, 화살촉, 돌날몸돌 등으로 떼어낸 석기의 돌날이 수 천년이 지난 지금도 완연하다.

▲ 경주의 신라고분
◀ 금드리개의 중간 부분

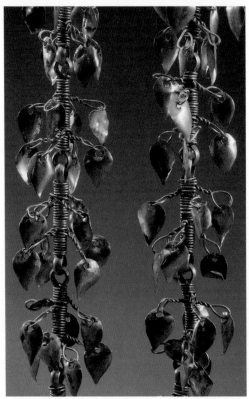

62

금드리개 장식(金製垂飾)

신라(新羅) | 길이 15cm

이 드리개 장식은 금관의 화려함을 더해주기 위하여 금관(金冠)의 테 양쪽으로 달아주는 것으로 귀 앞쪽으로 늘어지게 하였다. 일종의 금관 부속장식으로 귀고리에 비하여 출토사례가 드문 유물이며 그 모양새도 각양각색이다. 이 유물은 경산 임당동에서 출토된 유물과 경주 황남대총 북분에서 출토된 드리개장식과 크기와 형식이 거의 일치하는데 5세기경 제작된 것으로 추정된다. 샛장식에 금사(金絲)를 꼬아서 작은 영락장식을 매달은 형태로 여섯 마디를 연결하여 각 마디마다 8개의 꽃잎을 금사로 꼬아 매달았다.

사진170 _ 달개장식

드림장식은 양쪽에 둥근 장식 두개와 중앙의 뾰족한 꽃잎장식으로 화려하
게 마무리하였다.

　신라금관의 원류(原流)가 스키타이 시베리아라는 엉뚱한 이론은 이제 그
만 사라질 때가 되었다. 전 세계에서 현존하는 고대의 금관은 모두 12점에
불과하다. 그중 10점이 고구려, 신라, 가야의 우리나라 금관이고 아직 발굴
되지 않은 경주의 신라고분 속에는 반드시 많은 금관이 있을 것이고 지금
까지 출토된 금동관(金銅冠)까지 합하면 수십 점이 넘는 상황이다. 몇 해 전
에 방송과 연결된 어느 한 교수에 의해 19세기 시베리아 샤먼의 머리장식
인 사슴뿔이 TV의 역사 프로그램에 등장하고 스키타이 금관이 신라금관의
원류가 되었다. 기가 찰 노릇이다. 우리 역사의 상고사(上古史)를 이해하지

292

못 하는 무지(無知)의 소치이겠지만 지금도 박물관의 금관의 해설을 보면 사슴뿔 이야기가 적혀있다. 각설하고, 우리나라의 금관은 고조선시대부터 사용하던 관모의 고유양식을 계승하여 만들어낸, 자생적으로 발전한 우리민족 고유의 유산인 것이다. 수천년의 역사를 자랑하는 중국에는 고대의 금관이 한 점도 없다.

63

굵은고리 금귀고리(金製太環耳飾)

신라(新羅) | 길이 11.7cm

　고리가 굵은 태환이식이다. 경주 계림로 14호분과 경주 안강읍 청령리 산77번지에서 출토된 금제귀고리와 샛장식과 달개장식이 유사하다. 귀고리의 연결금구(連結金具)는 사슬로 구성되어 있고 샛장식은 누금기법을 사용하여 화려함을 더하였다. 원형의 샛장식 중앙부에는 유리가 감입되어 있었으나 유실된 것으로 보여지며 표주박형 장식이 가미되어 한층 멋을 더하였다. 드림장식은 속이 비었으며 가운데 심엽형 장식과 원형장식을 양쪽에 배치시켰다. 화려한 신라 귀고리로 당시 금제장신구의 기술이 집약되어 있는 유물이다. 신라지역에는 금광이 존재했다는 기록이 없다. 그래서 '황금의 나라'라고 불리울 정도로 많은 금관과 금제품의 원료인 금의 산지를 두고 그동안은 대체로 수입에 의존했으리라고 추측만 했었다. 그러나 얼마전 경주 위덕대학교의 박홍국 교수가 사금채취의 가능성을 발표하여 신선한 반향을 일으켰다. 알차게 꾸며진 이 금귀고리는 남녀의 구분이 없이 귀족사회의 장신구로 간직되어온 숨결이 1500여년을 견뎌 우리 앞에 자리한다.

백제의 금귀고리(수촌리 발굴현장)

1924년 일본인에 의해 발굴 중인 신라고분

보광사

청동 관음보살무늬 경상 2점(青銅製觀音菩薩文鏡像)

고려(高麗) | 지름 7cm | 지름 8cm

　　고려시대의 경상은 거의 동경의 형태처럼 제작되며 처음에는 동경의 거
울면을 이용하여 직접 조각하여 사용하였는데, 이 유물이 초기 형식의 경
상으로 거울면에 직접 관음보살상을 섬세하고 화려하게 조각하고 거울의
윗부분에 매달 수 있는 구멍을 뚫은 이른 시기의 경상이다. 경상은 거울처
럼 무늬를 주조틀로 다량 찍어내지 못하고 일일이 조각하여야 하므로 현존
하는 경상의 수는 많지 않으며 당시 불교조각예술의 수준을 볼 수 있는 유
물이다.

사진171 _ 보살상의 세부문양

두 번째로 이 양면경상은 처음 주조할 때부터 경상을 만들 목적으로 만든 유물이다. 거울의 한쪽 면은 한쪽 무릎을 세운 윤왕좌(輪王坐)의 관음상으로 옆의 정병에 버드나무가 꽂혀 있는 것으로 보아 수월관음을 표현한 것으로 보인다. 다른 면은 연화대좌 위에 두 손을 다소곳 합장을 한 보살상을 능숙한 솜씨로 조각하였다. 주로 13세기이후에 제작된 경상은 중국에서는 사례를 찾아 볼 수 없는 유물로 고려시대 후기의 불교 사상이나 교리적인 측면이나 도상을 파악하는데 중요한 자료이다.

65

금동 보살입상(金銅製菩薩立像)

남북국시대 신라(南北國時代 新羅) | 높이 23cm

보살이란 깨달음을 구하고 중생을 교화하여 마침내 성불하는 중생을 말하는 것으로 보리살타의 약칭이다. 일반적으로 보관을 쓰고 천의를 걸치며 목걸이 영락장식, 팔찌 등으로 몸을 치장하며 손에는 연꽃이나 정병, 보주 등을 들고 있다. 이 유물은 왼손에 정병을 들고 오른손을 올린 상으로 머리에는 삼산관의 보관을 썼다. 천의는 어깨로부터 연화대좌까지 내려오며 양 손목에는 팔찌도 착용하였다. 뒷면에는 밀납주조(蜜蠟鑄造)시에 생긴 구멍이 세군데 보이며 허리 부분에는 광배를 꽂았던 돌기도 나 있다. 도금은 많이 닳아 없어졌지만 보존 상태는 거의 온전하다. 원형의 간략화 된 이중 연화 대좌를 불안하게 딛고선 보살의 해맑고 천진난만한 미소가 동네 아이만큼 귀엽다. 이 작은 보살님은 1000년전부터 얼마나 많은 소원을 담아 왔을까?

불상의 바닥면

66
청자음각 모란무늬 사각전접시(靑磁陰刻牧丹文四角皿)
고려(高麗) | 가로, 세로 각 11.5cm | 높이 1.6cm

    고려시대 작은 접시의 종류는 매우 다양하여 용도에 따라 그 크기와 기형이 다르다. 팔각접시, 육각접시, 원형접시, 화형접시, 사각접시 등이 주류를 이루는데 이 유물처럼 사각 전접시로 6점이 한조로 보존되기는 쉽지 않다. 제작기법은 청자토를 마르기 전에 틀에 찍어서 성형한 것으로 보이고, 접시의 바닥면에는 누른 흔적이 약간 남아있으며 굽은 만들지 않았다. 안쪽면의 문양은 음각으로 바닥 중앙에 모란꽃 한 가지를 크게 새겼고 경사진 기벽 네 군데에는 꽃가지를 한 가지씩 그렸다. 접시의 전부분에는 넝쿨

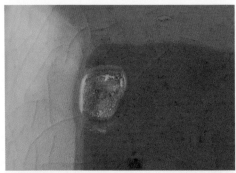

사진172 _ 유천리 파편, 국립중앙박물관
소장품(위)
접시의 바닥과 확대 부분(아래)

문양의 띠를 꽉 차게 돌려 화려함을 부각시켰다. 바닥에는 몸체에 비해 약간 굵은 돌받침 자국이 세 군데씩 있으며 번조 당시 약간 틀어진 접시도 보인다. 맑고 투명한 청자유약으로 기포가 거의 없는 비색(秘色)을 발하고 있으며 활달한 필치의 음각문양선과 더불어 고려청자의 전형적인 비색의 미를 간직하고 있는 유물이다. 6점의 접시중 4점에는 유약을 입힐 당시 손자국과 빙렬이 약간 남아 있으며 유약이 잘 입혀지지 않은 곳도 일부 보인다. 같은 종류의 접시가 일괄 6점이 출토된 사례는 매우 드문 경우로 상류층의 다도회(茶道會)에서 다과용으로 사용되었을 가능성도 있다. 동일계통의 유물 파편이 전라북도 유천리 요지에서 출토되었다.

◀ 출토된 철화명문도편
▼ 보성 도촌리 덤벙분청사기 도요지발굴 현장

67

분청사기덤벙 '천'명 양이잔 (粉靑沙器'天'名兩耳盞)

조선(朝鮮) | 지름 7cm | 굽지름 2.8cm | 높이 3.5cm

　　몸체 양쪽에 손잡이가 귀처럼 달려 있어서 양이잔이라고 하며 별칭으로 앵무잔이라고도 한다. 작은 잔에 손잡이가 두 개씩 달려있는 이유는 제사나 의식용 잔으로 두 손으로 공손히 잡으라는 의미가 담겨있다고도 한다. 특히 몸체에 철화안료로 천(天)자를 써 놓은 것은 도교의 하늘에 지내는 천제(天祭)와 관련이 있다고 볼 수 있다. 하늘에 지내는 천제는 자주적인 주체의식이 없는 나라에서는 지내지 못하였다. 부여국의 영고, 고구려의 동맹처럼 우리민족은 고대국가(古代國家)에서는 물론이고 조선 초에도 천제를 지냈

311

사진173 _ 보성 도촌리, 고흥 운대리 분청사기가마 발굴현장

다는 증거가 되는 유물이다. 몸체의 양쪽 귀는 별도로 제작하여 붙였고 높은 죽절(竹節)굽과 조화가 잘 이루어져 균형을 이루었다. 바닥 굽 안까지 백토분장을 얇게하였으며 굽 근처에는 손가락자국이 남아 있다. 담청색의 유약이 골고루 시유되어 있으며 잔잔한 빙렬이 온몸에 흐르고 있다. 전라남

312

사진174 _ '천'명 양이잔의 바닥과 안쪽면

도 고흥 운대리나 보성 도촌리 부근의 분청사기가마에서 15세기 후반에 제
작된 것으로 보인다.

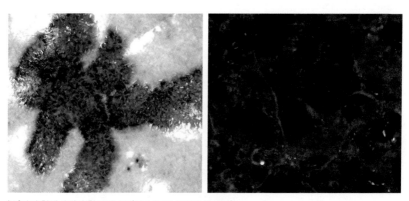

'天'자의 확대사진과 현미경사진(철화 부분 400배, 오른쪽)

보광사

68

은도금 연꽃당초무늬 팔찌(銀製鍍金蓮唐草文釧)

고려(高麗) | 지름 9.7cm | 두께 2cm

  팔찌의 겉판과 속판을 따로 만든 후 서로 맞물려 붙여 제작하여 속은 비
어있다. 빈 공간에는 종이에 찍은 작은 다라니경 등을 말아 끼워 넣기도 했
는데 대부분은 오랜 세월로 거의 유실된다. 접합 전에 팔찌의 외면에 해당
하는 겉판에 연당초문을 타출기법(打出技法)과 모조기법(毛彫技法)을 혼용하여
새긴 후 문양에만 도금을 한 부분도금으로 제작하였다. 생동감있는 연당초
문(蓮唐草文)의 바탕에는 어자문(魚子文)이 정연하게 새겨져 있으며 보존상태
도 매우 좋다. 속이 빈 은판으로 말아 만든 팔찌임으로 매우 가벼우며 착용

감이 상쾌하다. 조심스레 한번 손에 걸어보니 800여년이 지난 지금도 세련된 현대의 디자인 감각을 느낄 수 있었다.

69
도기 귀면 항아리(陶器鬼面有蓋壺)

고려(高麗) ｜ 높이 43cm ｜ 바닥지름 14.8cm ｜ 입지름 14.5cm

대형의 도기(陶器) 항아리이다. 유선형의 잘생긴 몸체에 뚜껑이 달린 태항아리 혹은 뼈항아리로 추정된다. 몸체의 어깨부분에는 대칭이 되도록 귀면이 붙어있고 또 한편으로는 뚜껑과 맞물리게 고리를 만들어 붙였다. 귀면을 붙인 이유는 부정을 타지 않도록 벽사(辟邪)와 내용물을 보호하는 의미가 있다. 높은 온도로 소성하여 몸체에는 자연유가 흘러있으며 뚜껑도 함께 덮어서 소성 제작한 흔적이 남아있다. 커다란 기물임에도 800년의 세월을 잘 견뎌 거의 온전한 모습이다.

일제강점기 발굴된 평양 대동강변의 낙랑 고분

70
청동 용무늬 거울(靑銅製龍文鏡)
낙랑(樂浪) | 지름 12.3cm

    일제강점기에 평양부근의 고분에서 출토된 중국의 한식동경(漢式銅鏡)이
다. 동경의 중심부에는 둥그런 반구형의 꼭지와 꼭지받침이 있으며 사신도
(四神圖)의 청룡, 백호, 주작, 현무가 양각으로 새겨져있다. 사신도 문양의 바
깥쪽에는 28자의 글씨가 양각으로 새겨졌으며 그 뒤로 4단의 삼각형태의
거치문(鋸齒文)을 섬세하게 배치하였다.

東光作竟四夷服 동광이 거울을 만드니 사방의 오랑캐가 복속하고
동 광 작 경 사 이 복

多賀國衆人民息 나라에 경사가 많으니 백성들이 편안하다
다 하 국 중 인 민 식

胡虜殄滅天下服 오랑캐를 멸하니 천하가 복속하고
호 로 진 멸 천 하 복

風雨時節五穀孰 때를 따라 바람이 불고 비가 내리니 오곡이 무르익는 도다.
풍 우 시 절 오 곡 숙

71
금동 아미타여래입상(金銅阿彌陀如來立像)

남북국시대 신라(南北國時代 新羅) | 높이 22.3cm

　남북국시대 신라에서 제작한 아미타여래상이다. 아미타여래는 서방정토
인 아미타세계를 주재하는 여래로 모든 중생을 제도하겠다는 큰 기원을 품
고 있으며, 민중들이 이 부처를 념(念)하면 죽은 후 극락인 서방정토에 다다
를 수 있다고 한다. 이 여래상은 10악(惡)을 저지르지 않고 부모에게 효도하
고 덕행을 쌓는 사람이 태어나는 극락을 의미하는 중품하생인(中品下生印)의
수인(手印)을 하고 있다. 법의는 통견의(通肩衣)이며 U자형의 주름이 아름답
게 흘러내리고 있다. 머리는 육계(肉髻)와 나발(螺髮)이 있고 목에는 삼도(三道)

사진175 _ 불상의 뒷면, 옆면, 불신괴임의 연판문

326

가 있다. 꼭 다문 입에 온화한 상호이며 양쪽 귀는 아래로 길게 늘어져있고 6각의 받침과 안상(眼象)위에 앙련과 복련의 대좌(臺座)를 딛고 서있다〈사진 175〉. 여래상과 대좌가 일체식으로 주조(鑄造)되었으며, 대좌부분의 불신괴 임과 앙련, 복련위에는 섬세한 모조기법(毛彫技法)으로 화려한 연판문양의 조각을 더하였다. 등 뒤에는 밀랍주조 당시 틀을 고정시켰던 구멍을 메운 자국이 남아있다. 1,000여년의 세월로 도금(鍍金)은 거의 벗겨지고 반쯤 부러져 휜 수인의 한 손가락과 얼굴에 긁힌 상처도 아랑곳 하지 않고 지긋이 감은 듯한 두 눈 아래로는 아직도 자비(慈悲)의 숨결을 느낄 수 있다.

보광사

72

용머리 은자물쇠(銀製龍頭鍵)

고려(高麗) | 길이 15.7cm

　은으로 만든 자물쇠이다. 현재 전해오는 고려시대의 자물쇠는 한천사에
서 출토된 금동자물쇠를 비롯하여 약 30여 점에 불과하며 재질은 대부분
청동, 금동, 철 등이며, 은자물쇠는 드문 사례이다. 잠글쇠와 바깥 경자에는
용두(龍頭)가 달려 있으며, 용두는 커다란 눈과 날카로운 이빨, 굳게 물은 여
의주, 길게 휘날리는 수염 등이 매우 사실적으로 표현되어 있다. 자물쇠 양
쪽과 중앙에는 한 쌍의 세로줄이 내려져있고, 세로줄에는 섬세한 횡선을
조각하였다. 몸통의 문양은 꽃과 잎줄기가 피어오르는 한그루의 연꽃이며

사진176_ 금동 용두자물쇠(호암미술관 소장, 위)와 청동 용두자물쇠(국립중앙박물관 소장, 아래)

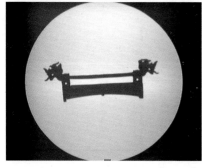

사진177 _ 자물쇠의 무늬와 X선 사진(아래)

바깥경자의 문양은 열쇠구멍 옆으로 올라가는 당초문이 정교하게 새겨져 있다. 건물지에서 출토되는 자물쇠는 건축물의 문에 사용한 경우로 크기가 크고 재질은 단단한 주철로 만들어 졌으나, 이 유물은 집안의 가구나 생활용품인 함(函)에 잠금장치로 쓰인 장식품의 하나로 화려하고 귀한 금속인 은으로 만들고 최대한의 멋을 부렸다. 호암미술관과 국립중앙박물관에 같은 형식의 금동제와 청동제 용두자물쇠가 있다〈사진176〉.

73

금동 연못동자무늬 경갑(金銅蓮池童子文經匣)

고려(高麗) | 가로 6.2cm | 세로 8cm

　　작은 경문을 담았던 함으로 절첩본의 다라니경문이 들어 있었을 것으로 추정된다. 청동으로 주조한 후 세부문양은 조각하고 도금하였다. 앞면과 뒷면의 동자문(童子文)은 고려시대 도자기나 금속유물에 자주 등장하는 문양으로 연꽃밭 속에서 동자들이 오리와 함께 노니는 천진한 모습을 표현한 것으로 자손만대의 번성함을 기원하는 의미이다. 국립전주박물관에 소장되어있는 유물과 같은 형식으로 뚜껑은 옆으로 밀어서 사용할 수 있게 만들었다.

청동 금강저(고려, 국립중앙박물관 소장)

은도금 금강저무늬 팔찌(銀製鍍金金剛杵文釧)

고려(高麗) | 지름 9.5cm

팔찌 문양의 바탕에는 어자문(魚子文)이 촘촘히 찍혀 있고 주문양은 당초문과 금강저(金剛杵, 三鈷杵)의 복합문양으로 구성되어 있다. 금강저는 고려후기에 밀교의 영향으로 불교 의식용구로 자주 등장하는데, 팔찌에 문양이 새겨진 특이한 사례이다. 이 유물은 문양에만 도금을 한 부분도금기법으로 금과 은의 색 대비로 그 화려함을 더하였고 타출기법(打出技法)과 선조기법(線彫技法)으로 섬세하게 조각하였다. 잘 휘어지고 늘어나는 은의 인장력을 이용하여 겉판과 속판을 따로 만들어서 이어 붙였으며 속은 비어있어 가볍다.

사진178 _ 금강저 문양의 확대

사진179 _ 고려시대의 은팔찌(국립 중앙박물관 소장)

75

백자 잉어 분물연적(白磁魚形化粧硯滴)

조선(朝鮮) ㅣ 길이 5.5cm ㅣ 높이 4.6cm

　한 마리 잉어가 물위로 튀어 오르는 형상으로 입신양명의 기원을 담고
있는 19세기 분원관요에서 제작된 분물연적이다. 사대부가의 여인네들이
화장할 때 화장가루를 물에 섞어 사용하면서 쓰던 일종의 화장기(化粧器)로
써 작고 앙증맞게 생겼다. 항상 입신양명하는 아들을 꿈꾸는 우리 어머니
의 작은 소망을 느낄 수 있는 유물로 사랑방의 연적과는 기능과 용도가 다
르며 현존하는 수량도 매우 적다. 작은 기물(器物)인데도 불구하고 잉어의
수염과 눈 비늘까지도 섬세하게 조각하였으며 바닥은 유약을 닦아낸 후 가

는 모래를 받쳐 번조하였고 맑고 투명한 백자유약을 시유하여 유백색의 자태가 아름답다. 조선 후기 작은 경대 앞에서 곱게 단장하는 어느 양반 댁의 다소곳한 안방마님을 연상하게 한다. 여기저기 도망가지 못하게 끈으로 묶을 작은 구멍에 안심(安心)이다.

백자 잉어연적(일본민예관)

고조선의 고인돌(중국 해성시)

76

거친무늬 동경(靑銅多鈕粗紋鏡)

고조선(古朝鮮) ｜ 지름 15cm

　거울의 꼭지가 두개 달린 조문경으로 약 2500여년 전에 만들어졌다. 단
군왕검의 고조선과 연결되는 유물은 항상 3박자를 이루고 있다. 전기(다뉴조
문경, 비파형동검, 고인돌), 후기(다뉴세문경, 세형동검, 고인돌)이다. 일제강점기에 일제의
식민사관에 의하여 설화로 전락했던 고조선은 설화가 아닌 역사로 다시 떠
오르고 있다. 초기 조문경의 번개무늬에서 햇살무늬로 변천하는 과정의 문
양이다. 방사선 문양으로 퍼지는 햇살을 고조선인들은 가느다란 선만으로
아름답게 표현하였다. 지구상 모든 생명의 근원은 태양이다. 그 생명의 기

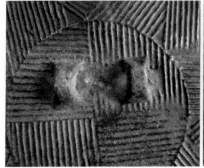

사진180_ 동경의 뒷면과 확대부분

사진181 _ 번개문양의 다뉴조문경
(중국 조양시, 심양시 출토)

344

를 이 작은 거울에 모아 국가의 안위와 발전을 기원하였다.

한 국가의 잃어버린 영토는 언젠가 되찾을 수 있어도 한번 잃어버린 민족혼은 되찾을 길이 없다. 민족혼은 우리의 문화유산에서 찾을 수 밖에 없으며 그것이 우리가 문화유산을 잃으면 안 되는 가장 큰 이유인 것이다.

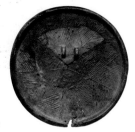

거친 무늬 동경(익산 다송리 출토, 전주박물관 소장)

77

백자청화 해태연적(白磁靑畵獬豸形硯滴)

조선(朝鮮) | 높이 9cm

조선 후기 왕실 가마인 경기 광주 분원에서 제작된 연적이다. 조선 후기
에 들어서면 여러 종류의 다양한 연적들이 길상(吉祥)의 의미를 부여받고 제
작된다. 그 중에서도 동물이나 집 등의 상형연적들도 활발하게 제작되는데
해태는 화마(火魔)를 막아주는 역할을 한다. 조선시대 가옥은 목조주택 이므
로 불이 한 번 붙으면 걷잡을 수 없게 번지기 때문에 가장 큰 걱정거리였
다. 실제로 항상 남대문을 감시하던 광화문의 해태석상이 광화문 공사로
인하여 잠시 치워진 사이에 안타깝게도 남대문은 화마속으로 사라졌다. 앞

사진182 _ 고려청자 해태연적(국립 중앙박
물관 소장)과 백자해태연적(경기
도박물관 소장)

발을 가지런히 모으고 약간 고개를 틀며 치켜든 머리에 털이 복스럽고 온몸에는 해태반점이 나 있다. 입과 귀에 입수구와 출수구가 있고 꼬리는 말아서 뒷다리에 붙였다. 이 작은 연적이 사랑방의 한 귀퉁이에서 그 집의 수호신이 되어 불을 막는 역할을 한다는 소망을 담아 동그란 눈을 아직도 지켜 뜨고 있다.

패랭이 꽃

78

백자청화 삼족향로(白磁靑畵三足香爐)

조선(朝鮮) ㅣ 높이 14.8cm ㅣ 입지름 8.58cm

　　조선 후기 경기도 광주 분원 왕실관요에서 특별히 주문 제작한 향로로
추정된다. 고대의 향로는 청동기로 많이 제작이 되었고 조선 후기로 내려
오면서는 놋쇠로 제작이 되어 향교나 제실 등에 많이 사용되었다. 19세기
분원요에서 도자기로 제작한 향로도 많이 생산하였지만 대부분이 팔괘문
양의 향로이며 모양도 단순하다.

　　이 향로는 고대의 청동향로에서 볼 수 있는 수각(獸脚)다리를 만들어 붙였
고 몸통과 손잡이에는 청화로 문양을 가미하여 화려함을 더하였다. 몸통의

사진183 _ 향로의 각 부분

사진184 _ 향로의 귀면다리

문양은 세 곳에 능숙한 필치로 그림을 그렸는데 보통의 솜씨가 아니다. 왕
실의 화원화가가 직접 그린 것으로 청화의 발색 또한 아름답다. 모두 괴석
옆에 피어난 자연의 꽃을 주제로 그렸는데 여뀌, 패랭이, 들국화 등이다. 세
개의 다리는 능숙한 조각솜씨의 도깨비의 형상인데 별도로 만들어서 붙였
다. 잡귀를 몰아내고 부정타는 것을 방지하기 위하여 무섭게 보이도록 하
였지만 오히려 친근하다. 고운 모래받침으로 잘 수비된 최상의 태토와 유
약으로 태어난 멋쟁이 향로이다.

국내성 고구려 고분

79

굵은고리 금귀고리(金製太環耳飾)

고구려(高句麗) ㅣ 길이 6.5cm

광복 이전 평남 강서군 보림면 간성리에서 고구려금관과 함께 출토되었
다고 전해지는 유물이다. 중심 고리의 태환장식이 매우 크며 노는 고리에
드림장식이 원추형으로 간결하게 표현되어 있다. 원추형의 드림장식은 고
구려에서도 매우 이른 시기의 유물로 4세기경에 제작된 것으로 추정할 수
있으며, 신라에도 영향을 주어 5세기 신라고분에서도 비슷한 종류의 유물
이 출토된다. 청주박물관에 소장된 충주 청원 상봉리에서 출토된 고식(古式)
의 고구려 태환귀고리〈사진 185, 위 왼쪽〉보다 선행하는 양식이다.

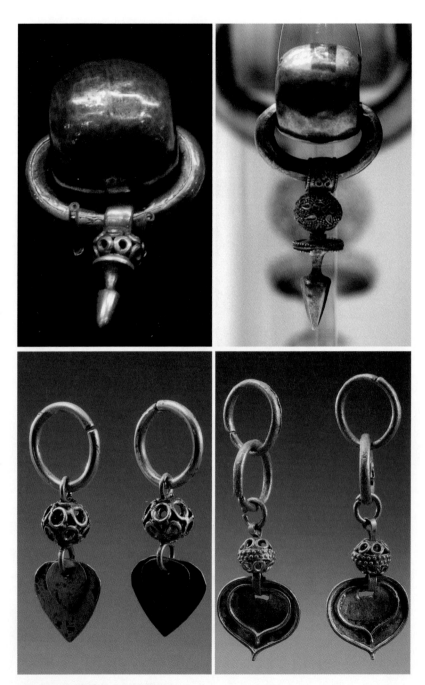

사진185 _ 여러 종류의 고구려 금귀고리

고구려 고분벽화 무용총(평상위에 앉은 선인)

용주사 해태

80

금동 해태연적(金銅製獬豸硯滴)

고려(高麗) | 높이 5.5cm

　해태는 상상의 동물로 주로 건물의 장식물로도 많이 조각되어 왔는데 화마(火魔)로부터 보호해 주는 역할을 하기 때문이다. 목조건축물의 큰 단점은 불이나면 걷잡을 수 없다는 것이다. 그래서 돌이나 나무조각으로 해태를 조각하여 안녕을 기원하였고 생활용구인 향로, 연적 등도 해태형상으로 제작을 하였다. 이 연적의 출수구(出水口)는 입과 등의 정중앙에 위치하고 있다. 매우 얇게 주조하여 밑판과 이어 붙였다. 주조 후 세밀하게 꼬리부분, 갈기, 털 등을 조각하였고 고려청자의 해태향로에 등장하는 해태와 모습이

사진186 _ 청자해태연적과의 비교

거의 동일하다.

연적은 대부분이 도자기로 만들어 사용하였으나 조선시대 후기에도 금속으로 만든 연적들을 간혹 볼 수 있다. 고려시대의 연적은 청자로 만든 동물형상이 주를 이루며 현존하는 수량도 많지는 않은데, 금동연적(金銅硯滴)은 더욱 그러하다. 두툼한 목에 걸려있는 큼직한 방울소리가 아직도 요란하다.

81

철주전자(鐵製注子)

고려(高麗) | 높이 14cm

  고려시대 청자로도 많이 만들었던 차주전자의 모양이다. 뚜껑 고리가 몸체에 남아있는 것을 보니 이미 유실된 뚜껑이 안타깝다. 이 유물은 용융점이 다른 철(鐵)과 청동(青銅)의 서로 다른 금속을 접합하여 만든 매우 이례적인 유물이다. 이러한 제조기술은 고구려의 화살촉에서도 나타나는데 화살촉의 슴베부분은 주조가 쉬운 청동으로 만들고 몸체부분은 보다 강한 철로 만들어서 이어 붙인 쇠뇌용 화살이 있다. 서로 다른 금속의 접합기술을 응용하여 실생활에 활용한 기술이 고구려에서 고려시대까지도 이어져 내려

사진187 _ 물대, 손잡이, 바닥부분

온 것이다. 주전자의 몸체는 강한 철로 튼튼하게 만들고, 성형이 까다로운 손잡이와 주구(注口)는 철보다 만들기 쉬운 청동으로 제작하여 붙인 것이다. 이렇게 용융점이 다른 두 금속을 접합하기란 고도의 기술을 요하는 것으로 당시의 수준 높은 금속 주조기술(鑄造技術)을 알 수 있다.

82

고려 백자철화 국화나비무늬 매병(高麗白磁鐵畵菊蝶文梅甁)

고려(高麗) | 높이 24cm

　　태토의 철분을 잘 걸러내어서 정선된 백자태토에 철화안료로 문양을 그
리고 청자유약을 사용하여 번조한 고려백자로 관요의 생산품으로 추정된
다. 균형 잡힌 매병에 입구 부분에는 턱이 없으며 몸통에는 철화안료로 국
화 절지문에 두 마리의 나비가 날아드는 문양을 대칭이 되도록 그려 넣었
고 어깨부분에 화려한 연판문과 하단부의 국화꽃잎으로 종속문양을 시문
하였다. 몸통의 유약에는 잔잔한 빙렬로 가득하며 흙물이 스며들어 있다.
고려시대 철화안료를 사용하여 도자기를 생산할 경우에는 대부분이 청자

사진188 _ 매병의 입부분, 굽바닥, 꽃나비무늬

에 철화안료를 사용하여 생산하였고 관요제품이 아닐 경우에 거칠은 조질 백자에 철화안료를 사용한 경우가 있지만 이 유물처럼 관요제품으로서 백자에 철화안료를 사용한 경우는 드물다. 굽바닥은 유약의 일부를 닦아내고 여섯 군데의 내화토를 받쳐서 번조한 흔적이 남아 있다. 굽바닥 주위에 유약이 일부 떨어졌지만 다행히도 미미한 정도이고 철화안료를 두껍게 사용하여 발색이 진하게 나타난다. 고려백자에도 청자처럼 음각기법, 양각기법, 상감기법, 철화기법이 모두 사용되었으나 상감의 경우는 자토 상감과 청자토 상감이 있는 반면 바탕색과 같은 백토상감은 일부 파편을 제외하면 거의 없다.

83

청자 연봉 향로(靑磁蓮峰形香爐)

고려(高麗) | 높이 12.5cm | 입지름 3cm | 바닥지름 8cm

난간이 둘러진 세발의 받침 위에 한 송이의 연꽃 봉우리를 형상화하여 만든 작은 향로이다. 연꽃봉오리의 상단부가 뚜껑이며 향의 연기가 새어 나오도록 구멍이 뚫려있고 향로 바닥에는 7군데에 구멍이 뚫려있어서 향이 잘 타오르도록 만들어졌다. 유약은 기포가 많은 담청색으로 불투명하며 속으로 흙물이 스며들어 있고 바닥에는 세 곳의 돌받침 흔적이 남아있다.

고려시대에 향을 피우는 경우는 불전에 공양할 때와 도교의 제를 올릴

사진189 _ 연봉향로의 각 부분

사진190 _ 향로바닥의 구멍과
돌받침, 연꽃잎

때, 차모임이 있을 때이다. 일반적인 청자향로에 비해서 작은 이 향로는 차모임(茶會) 등의 소규모 집안행사에 사용하였을 것이다.

철화상감의 확대 부분

84

백자상감 풀꽃무늬 마상배(白磁象嵌草花文馬上杯)

조선(朝鮮) | 높이 7.7cm | 구연부 10.9cm | 바닥굽 4.1cm

조선 초기 경상남도 합천지방에서 제작된 것으로 추정된다. 조선 초기
백자의 상감기법은 자토(붉은 흙)나 철화안료를 감입하여 제작하였는데 이
유물은 자토를 사용하였다. 경기도의 중앙관요에서 생산된 상감백자는 대
부분 소성도가 높은 경질백자〈사진194〉가 생산되었고 합천지방의 생산품
은 연질백자 계통이다. 대표적인 사례로 호림박물관 소장품인 백자 운용문
뿔잔〈사진193〉을 연질백자의 명품 사례로 들 수 있다. 이 마상배의 문양은
추상적인 풀꽃무늬로 입구 안쪽에는 두 개의 동심원 사이에 풀무늬를 바람

사진191_ 잔 안쪽면의 풀무늬, 바깥면의 풀꽃무늬, 굽 확대

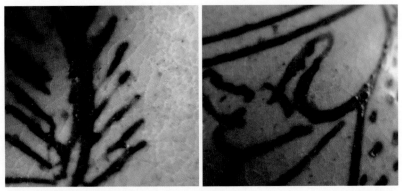

사진192_ 흑상감의 확대 부분

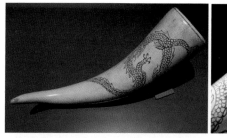

사진193_ 백자상감 용무늬 뿔잔(호림박물관 소장)

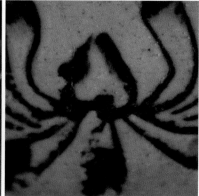

사진194_ 조선 초기 경기도 관요의 경질 상감백자

개비처럼 활달하게 상감하였고 바깥쪽에는 대칭으로 풀꽃무늬를 두 개의 동심원사이에 상감하였다〈사진191〉. 이 상감백자보다 400년 후에 태어난 파블로 피카소의 추상화에 감탄하면서 우리 선조들의 추상화에는 무감각한 이유는 무엇일까?

85

목불감(木製鍍金佛龕)

조선(朝鮮) | 높이 43cm | 폭 25cm

　　무독귀왕상(無毒鬼王像)과 도명존자상(道明尊者像)의 협시불과 아미타여래상
(阿彌陀如來像)이 본존으로 조성된 삼존불감이다. 협시불은 별도로 조각하여
불감의 문에 끼운 흔적이 있고 본존불 역시 별도 조각하여 대좌위에 끼우
게 하였다. 본존불의 등에는 복장흔적이 있으나 복장물은 남아있지 않다.
불감 외면에는 옻칠을 두껍게 하였으며 내면에는 주칠을 하였다. 각 불감
의 윗 부분에는 연꽃휘장을 장식하였고 이중의 단위에 본존불의 상호는 지
긋이 눈감은 듯 평온하다. 복장물이 존재하지 않아 정확한 조성 년대는 알

사진195_ 본존불을 뺀 상태

사진196_ 일본 고려미술관의 삼존불감

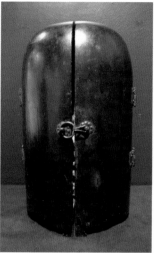

사진197_ 불감의 측면과 문을 닫은 상태

수 없으나 불감의 형식이나 세련된 조각수법으로 보아 18세기경에 제작된 불감으로 추정된다.

86
백자 '우'명 사발(白磁右名鉢)

조선 초기(朝鮮初期) ┃ 입지름 20cm ┃ 높이 12.7cm ┃ 굽지름 8.5cm

조선 초에 경기 관요에서 제작된 큰 사발이다. 굽바닥에는 우(右)자가 음각되어 있다. 이 시기에 천(天), 지(地), 현(玄), 황(黃)이 굽바닥에 새겨진 것과 간혹 중(中), 좌(左), 정(正)이 새겨진 것도 확인된다. 그 의미는 아직 확인이 되지 않고 있지만 왕실 보관 창고의 이름이라고 추측하기도 한다. 현재까지 확인된 조선 초기 백자사발 중에서 가장 아름답고 완벽한 유물 중에 하나이다. 사발의 양옆으로 흐르는 선과 살짝 벌어진 입, 정갈한 색의 조화가 삼위일체가 되어 빈틈이 없다. 굽바닥에는 가는 모래받침을 사용한 후 갈아낸 자국이 남아있다.

87

청자철화 동화 국화무늬 잔받침(靑磁鐵畵銅畵菊花文盞臺)

고려(高麗) ㅣ 지름 16.3cm ㅣ 높이 5cm ㅣ 굽지름 9.3cm

　　동화(銅畵)안료를 8과의 국화꽃에 사용하여 11세기 말경에 제작한 대형의
잔 받침이다. 같이 사용되었을 잔은 유실되어 안타깝지만 보존 상태는 양
호하다. 세계최초로 도자기 제작에 산화동 안료(銅畵)를 문양화시킨 고려의
최첨단 도자기술이 사용된 청자이다.

　　산화동 안료는 가마에서 번조할 때 온도가 높으면 쉽게 타버려서 원하
는 색을 얻기가 매우 어렵다. 고도의 기술을 지닌 도공이 아니면 얻기 힘
든 작품이다. 굽바닥 안쪽에는 세 개의 돌받침 흔적이 있고 음각, 양각, 철

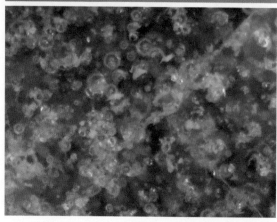

사진198 _ 잔 받침의 측면, 바닥면,
동화무늬의 현미경 사진

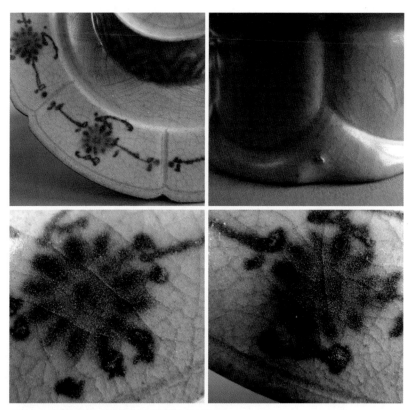

사진199_ 잔받침 부분, 굽다리 부분, 동화무늬의 확대

화, 동화의 안료까지 동원하여 한껏 멋을 부린 작품이다. 상감기법 이전의
작품으로 세계 최초로 산화동 안료를 문양화 시킨 고려청자로 볼 수 있다.

마황사부도

88

청동 5층 작은탑(靑銅製五層小塔)

고려(高麗) | 높이 30cm

상륜부까지 원형이 잘 보존되어 있는 작은 5층 청동탑이다. 1층과 2층기
단에는 약간 벌어진 난간을 둘렀고 계단을 만들어 탑신부 1층의 문으로 통
하게 하였다. 탑신부 1층에는 네 면에 모두 통하는 문을 만들었으며 2층부
터 5층까지는 모두 창문이다. 각 층마다 기왓골이 선명하며 지붕의 모서리
는 약간 하늘로 올려 멋을 부렸다. 특히, 1층 지붕의 모서리에는 보주를 입
에 문 용두를 달아 그 의미와 함께 화려하게 장식하였다. 상륜부는 복발, 보
륜, 보개 등이 균형 잡혀 있고 상륜부를 제외한 각층은 별도로 주조한 후에

사진200 _ 탑의 기단부와 1층 지붕의 용두

붙였다.

 현재는 한 점도 남아있지 않은 고려시대의 목탑(木塔)을 이 작은 청동소탑으로 정확하게 복원할 수 있는 기초가 마련되는 것이다. 용접기가 없던 시절의 고려 금속공예 장인들은 어떻게 복잡한 구조의 이 작은 탑을 주조하고 이어 붙였을까?

 닭집 사장이 구입한 25억 8천만 원짜리 나폴레옹 모자에서는 우리 민족의 영혼을 전혀 찾을 수 없지만, 우리 선조들이 남긴 모든 유물속에는 그 중요도들 떠나서 우리만의 감성이 이입(移入)되어있다. 후손들은 그 유물의 내면에 내재해있는 감성을 찾아 내어 교감(交感)하고, 우리민족의 정통성과 연속성을 깨우치며 미래의 후손들에게 전달해야하는 책임과 의무가 있는 것이다.

합천 영암사터 출토 사리병

일본민예관, 야나기특별전의 모자견도 부분(조선시대)

김대환(金大煥)

고려대학교를 졸업하고 대학원에서 문화재보존학을 전 공했으며 지난 35년간 국내외 발굴현장과 유적지를 답 사하며 문화재를 연구하였다. 단국대학교 석주선기념박 물관, 부안청자박물관, 상명대학교 박물관, 서울역사박 물관, 충청대학교 박물관, 하남역사박물관, 용인시 문화 유적전시관 등에 다뉴조문경, 신라금동불상, 고려청동 탑, 고려청자, 조선백자, 고려와전, 고려벼루, 고려도기 등 35년간 정성들여 수집한 5,000여 점의 유물을 각 박 물관의 특성에 맞게 여러 해에 걸쳐 무상기증 하였다. 현재 두양문화재단 이사, 한국기와학회 이사, 하남역사 문화연구소 이사, 문화재평론가로 활동 중이다.

주요논문

「삼국시대 금관의 재조명」(장준식 교수 정년퇴임기념논총, 서경문화사, 2014년)
「삼국시대의 도침연구-고구려 명문도침을 중심으로」(백산학보 제71호, 2004년)
「개인소장 은제 포도수금문 소병에 관한 연구」(문화재 과학기술 제3권, 2004년)
「국립중앙박물관 소장 고구려 청동삼족정에 대한 소고」(고구려연구3집, 고구려연구회, 1997년)

박물관에선 볼 수 없는 문화재

초판 인쇄 : 2014년 11월 26일
초판 발행 : 2014년 12월 5일

지은이 : 김대환
펴낸이 : 한정희
펴낸곳 : 경인문화사
주 소 : 서울특별시 마포구 마포대로4다길 8(마포동 324-3)
전 화 : 02-718-4831
팩 스 : 02-703-9711
이메일 : kyunginp@chol.com
홈페이지 : http://kyungin.mkstudy.com

값 29,000원
ISBN 978-89-499-1051-2 93910